Dr. John Coleman

BEYOND THE CONSPIRACIA

desmascarar o governo mundial invisível

OMNIA VERITAS.

John Coleman

John Coleman é um autor britânico e antigo membro dos Serviços Secretos de Inteligência. Coleman produziu várias análises do Clube de Roma, da Fundação Giorgio Cini, da Forbes Global 2000, do Colóquio Interreligioso para a Paz, do Instituto Tavistock, da Nobreza Negra e outras organizações que se aproximam do tema da Nova Ordem Mundial.

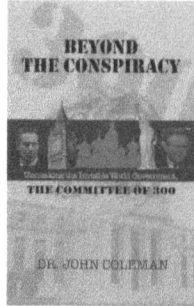

PARA ALÉM DA CONSPIRAÇÃO

DESMASCARAR O GOVERNO MUNDIAL INVISÍVEL

BEYOND THE CONSPIRACY
Unmasking the Invisible World Government

Traduzido do inglês e publicado pela Omnia Veritas Limited

© Omnia Veritas Ltd - 2023

⊘MNIA VERITAS®

www.omnia-veritas.com

Renúncia de responsabilidade da editora

Algumas passagens e parágrafos são repetidos. Como o livro é maioritariamente composto a partir de uma compilação de artigos, conservamo-los, certos de que estas poucas repetições não prejudicariam a compreensão dos assuntos que evocam.

PREÂMBULO

Espero que o leitor já esteja familiarizado com o meu livro *A Hierarquia dos Conspiradores, uma história do Comité de 300*[1] que foi publicado na sua quarta edição em Janeiro de 2007. Também pode ser difícil prever o alcance deste livro. A verdade é que muito poucas pessoas no público têm meios adequados para dar sentido a acontecimentos que parecem fora do nosso alcance, desligados da nossa experiência imediata e inacessíveis à compreensão devido ao nosso conhecimento limitado. Assim, acreditamos erroneamente que isto não pode ser assim. Com um tal contexto, a pessoa comum não pode ver com certeza as mudanças irreversíveis, quase sempre para pior, que estão a ocorrer noutras partes da nação e do mundo, nem pode concebê-las como resultado de uma conspiração, quanto mais começar a compreender que elas fazem parte de um plano deliberado para provocar uma convulsão pré-estabelecida. Estas mudanças deliberadas não são percebidas como tal, porque a maioria das pessoas não pensa dessa forma. O fim da continuidade da vida familiar; a perda de um emprego que tem estado "na família" durante várias gerações (numa fábrica de automóveis, por exemplo); uma mudança forçada do bairro que amamos, deixando para trás amigos, igreja e todas as coisas familiares e confortáveis. A pessoa média nunca atribui estas convulsões e distorções na sua vida a outra coisa que não seja o acaso. Ele simplesmente não sabe melhor e não pode conceber que o que lhe está a acontecer é outra coisa que não seja mero acaso.

No seu livro *The Open Conspiracy*, o autor britânico e agente do MI6 H.G. Wells, escreveu sobre o mal-entendido "do homem

---

[1] *A hierarquia dos conspiradores - História do Comité de 300*, Omnia Veritas Limited, www.omnia-veritas.com.

comum" das sociedades secretas, tal como o Dr. Jacob Mass, o biógrafo do Justice Brandeis, que afirmou que são feitos acordos secretos sobre os quais é muito difícil obter informações definitivas, até que se percam nos arquivos do tempo, quando os homens estão aptos a escrever as suas memórias.

Ao longo da história, tem sido frequentemente salientado que o homem médio na maioria dos países tem pouco ou nenhum tempo para se dedicar a outra coisa que não seja ganhar a vida, criar uma família e ter um emprego que lhe permita alcançar estes objectivos. Isto deixa-o com pouco ou nenhum tempo para a política, questões económicas ou outros assuntos vitais, tais como a guerra e a paz, que afectam a sua vida e a da nação.

Os governos sabem disso. Assim parece, fazem os grupos altamente organizados que operam por trás de muitas organizações de fachada diferentes que têm sempre vantagem sobre os cidadãos. O que a pessoa comum não sabe - e provavelmente nunca saberá - é que todos os grandes acontecimentos históricos são planeados em segredo por homens que se rodeiam de total sigilo. O Dr. Gérard Encausse, no seu livro *Mysteria* de 14 de Abril de 1914, colocou-o desta forma:

> A par da política internacional de cada Estado, existem certas organizações obscuras. Os homens que participam nestes conselhos não são políticos profissionais ou embaixadores brilhantemente vestidos, mas sim alguns desconhecidos, grandes financiadores, superiores aos políticos vaidosos e efémeros que imaginam que governam o mundo.

Os membros da Companhia Britânica das Índias Orientais eram um grupo deste tipo, cujos antecedentes provinham dos cátaros, Bogomils e Albigensianos, originários da Babilónia maniqueísta, e que se tornaram os controladores não só de Inglaterra, mas de todo o mundo. Ao longo da história, um dos denominadores comuns tem sido o desejo do homem de controlar. Qualquer que seja a estrutura social examinada, há sempre um grupo de certos indivíduos, nos quais a necessidade de controlo é primordial, que se unem em sociedades secretas. Qualquer pessoa que procure expor estas sociedades está, portanto, a pôr-se em perigo.

Esta é uma das razões pelas quais o Comité dos 300 tem tido tanto sucesso em esconder a sua existência da grande massa do povo americano, tanto que agora não têm medo de ir além da conspiração ao ar livre. Aparentemente, um pequeno número de investigadores considerou que deve haver uma espécie de organismo de coordenação e controlo de nível superior, que supervisiona e coordena as actividades das agências "locais", das quais os Bancos da Reserva Federal são apenas uma. Foram geralmente agrupados sob o título de "sociedades secretas".

O objectivo deste livro é ir para além da conspiração e abrir as portas a estas sociedades secretas para descobrir como a humanidade é realmente governada e por quem.

* * *

Estou grato aos muitos amigos e apoiantes do meu trabalho que tanto me ajudaram a superar os ataques e que têm sido generosos no seu apoio financeiro em tempos de dificuldade; isto permitiu a publicação deste livro apesar da forte oposição.

Este livro é um relato do plano mestre mundial do governo que foi revelado aos participantes do Colóquio de Paz Inter-Religioso, realizado em Bellagio, Itália, em 1972. O plano director de paz mal designado foi implementado pela primeira vez na Jugoslávia a fim de o destruir como um Estado-nação. É por isso que a maior parte deste livro é sobre o que lá aconteceu, pois foi um 'modelo' para acções futuras contra nações e povos soberanos.

O Iraque pode muito bem ser o último país a ser invadido por uma força militar do governo de um só mundo. Com base nas lições aprendidas com a conquista da Jugoslávia, a opinião dos observadores da conspiração é que o plano que derrubou Milosevic é a forma como os futuros governos recalcitrantes serão levados ao calcanhar. Assim, um estudo detalhado da metodologia e estratégia empregue para destruir a Jugoslávia, realizado nos últimos anos, é da maior importância.

Dr. John Coleman, Setembro de 2007

Capítulo 1

A ascensão dos globalistas panteístas e deistas

Quase trezentos anos mais tarde, a mais importante destas famílias eram os Rockefellers que eram proprietários e controlavam a dinastia Rockefeller-Standard Oil. Foi esta rede que foi utilizada pelos "300" para introduzir o "New Deal" socialista Fabiano através de Roosevelt e despojar o povo americano do seu ouro. A maioria destas famílias, embora professando externamente o cristianismo, eram panteístas, gnósticos, rosacruzes e mundialistas deísta. A sua filosofia era distintamente socialista.

Isto é melhor compreendido quando se considera que os antepassados de algumas destas famílias podem ser rastreados até aos Anabatistas e aos Wycliff Lollards, cuja política era nitidamente comunista, embora o comunismo como doutrina estabelecida ainda não existisse. Há uma escola de pensamento que contava com elementos dos Bogomils que tinham fugido dos Balcãs para o Novo Mundo durante a Inquisição, bem como alguns descendentes dos Khazars, uma raça bárbara de origem indo-turca, que viviam ao longo do baixo Volga na Rússia, até serem expulsos pelos príncipes de Moscovo liderados pelo Príncipe Dimitri Donskoi (*Encyclopaedia Britannica*, 1915).

A família Rockefeller e a família Astor terão migrado para os Estados Unidos a partir da Ásia Menor, esta mistura de raças e culturas estrangeiras que remontam aos Maniqueus. (*Rockefeller Internationalist*, Emmanuel Josephson 1952)

A Companhia das Índias Orientais, com a sua carta concedida pela monarquia, e o seu sucessor, os homens da Companhia

Britânica das Índias Orientais, costumavam dar subsídios aos evangélicos cristãos. Rockefeller e os seus companheiros de viagem seguiram o exemplo, promovendo o cristianismo evangélico para esconder as suas verdadeiras intenções, que eram alcançar o poder político nos Estados Unidos e depois em todo o mundo, como demonstrou o velho John D. Rockefeller.

Nos Estados Unidos, foi o fundamentalista cristão britânico das Índias Orientais, John Nelson Darby, sob o nome de "Dispensacionalismo", que foi favorecido pela Missão no Interior da China, e na África do Sul, antes da Guerra Anglo-Boer, pela Sociedade Missionária de Londres, que provocou a guerra em 1899 pela sua interferência política. Todas estas organizações cristãs parecem ter sido bem financiadas. Os Quakers criaram comunas do tipo comunista durante a Guerra Revolucionária e receberam apoio financeiro substancial de William Aldrich (antepassado de Nelson Aldrich Rockefeller).

Os membros da família Rothschild foram os principais conspiradores que trabalharam para instalar um banco central nos Estados Unidos em flagrante violação da Constituição dos EUA que proíbe tal instituição. O que vimos com a instalação do Banco da Reserva Federal foi a consolidação do porão do Comité de 300 sobre a América.

Seguiu a política externa americana e as guerras que a América travou durante o século XIX (incluindo a Guerra Hispano-americana de 1898 e a actual chamada Guerra contra o Terror) conseguiu alargar o controlo do cartel sobre a economia mundial. Sem o estabelecimento bem sucedido de um banco central nos EUA, todas as guerras que foram travadas depois de 1912 teriam sido impossíveis de financiar. A Guerra Civil Americana foi travada para determinar o controlo da economia americana. A questão da escravatura era de pouca importância; o Norte pouco se importava com a escravatura. Muitos generais do exército da União eram proprietários de escravos, tal como a Sra. Lincoln, esposa de Abraham Lincoln. A Guerra Civil, como todas as guerras, foi travada por questões económicas. A escravatura foi um engano vermelho e não a causa principal da guerra. Os americanos, facilmente enganados pela sua confiança no governo, não conheciam a verdadeira causa desta guerra trágica.

Mais uma vez, deixem-me ser claro: todas as guerras são guerras económicas na sua origem e finalidade. O Sul tinha todo o direito de se separar se os seus cidadãos o quisessem, devido aos problemas económicos entre o Norte e o Sul. A implicação é que a América acumulou a sua posição internacional como a "única superpotência" por acidente, e não por projecto. Argumentos a favor de um ponto de vista contrário suscitam acusações ridículas de ser uma vítima da "teoria da conspiração".

É reconfortante que os americanos acreditem que os indivíduos e as organizações interessadas em si mesmos são incapazes de colaborar numa conspiração para alcançar causas comuns. Quando J.P. Morgan trouxe os proprietários dos caminhos-de-ferro dos EUA para a mesa e fez um acordo de não competição, não foi um acidente. *Na realidade, foi uma conspiração.* Nenhuma das guerras da América foram acidentes e foram muito mais lucrativas do que alguma vez serão tornadas públicas. Os EUA confiscaram milhares de milhões de dólares de tesouros de guerra alemães e japoneses no final da Segunda Guerra Mundial. O Presidente Truman tomou a decisão consciente de não o revelar ao público e de não o repatriar no final das hostilidades. Em vez disso, foi e ainda é utilizado para financiar operações encobertas.

A crença generalizada de que os tão temidos trusts foram desmantelados na primeira década do século XX, graças à cruzada de Theodore Roosevelt, é certamente infundada. Não há dúvida de que Roosevelt usou a sua posição pública contra o "grande negócio" para obter fundos de campanha dos homens de negócios que atacava. Isto pode explicar porque assinou mais tarde uma lei que revoga as sanções penais para estes mesmos homens de negócios. Este é um fio comum que atravessa os presidentes americanos "liberais", "conservadores" e "progressistas". Franklin D. Roosevelt queria ser recordado como o campeão dos oprimidos que acabaram com a Grande Depressão. Estabeleceu o sistema de segurança social da nação, que na realidade é financiado por um imposto altamente regressivo sobre os seus beneficiários. As contribuições correspondentes das empresas foram autorizadas a ser deduzidas como despesas empresariais antes de impostos, o que apenas alargou a natureza regressiva do programa, financiando a parte das empresas a partir de receitas fiscais perdidas. Roosevelt, um político notável, obteve uma vitória esmagadora sobre um programa de reformas que nunca teve qualquer intenção de implementar.

De facto, ele fez o contrário, declarando uma emergência económica nacional, contornando qualquer desafio constitucional ao seu poder nos tribunais. Ignorou prontamente a cláusula do ouro nos contratos de obrigações do governo e criou o Fundo de Estabilização Cambial (ESF)[2] em 1934; ostensivamente para promover a estabilidade do dólar nos mercados cambiais, está isento de responsabilidade congressional e responsável apenas perante o Presidente e o Secretário do Tesouro. Trata-se, em suma, de um fundo não declarado que pode recorrer ao crédito do governo federal, uma prática inconstitucional e muito perigosa.

A criação do FSE foi uma extensão da mesma lógica que levou à criação da Reserva Federal em 1914. Esta última, a Reserva Federal, foi também criada em resposta a uma crise: o crash de 1907. A lenda de Wall Street credita a genialidade e o patriotismo de J.P. Morgan com a salvação da nação. Na realidade, o acidente e a depressão resultante permitiram à Morgan eliminar os seus concorrentes, comprar os seus bens e, no processo, revelar à nação e ao mundo o quão poderosos eram Wall Street e os bancos internacionais da Morgan.

Nem todos ficaram gratos, e alguns exigiram uma acção legislativa para colocar o crédito federal e o sistema monetário nacional sob supervisão e controlo públicos. Numa campanha de habilidade política, a Reserva Federal foi criada em 1912 por um

---

[2] Fundo de Estabilização Cambial, Ndt.

acto do Congresso para este fim. Mas ao criá-la como uma corporação privada propriedade dos bancos, o Congresso cedeu efectivamente aos bancos uma posição ainda mais forte do que a que tinham tido anteriormente. Ainda hoje, não se compreende bem que a Reserva Federal seja uma corporação privada que pertence aos próprios interesses que nominalmente regula.

Assim, o controlo do sistema monetário e de crédito federal nos Estados Unidos, e o rico fluxo de informação privilegiada que dele deriva, é escondido da vista pública e controlado em segredo, o que explica em parte a natureza semelhante à esfinge do Presidente da Reserva Federal. Não se compreende geralmente que cada uma destas agências tenha sido criada em aberto desafio à Constituição dos EUA, sinalizando assim corajosamente que a conspiração já não precisava de ser escondida. Apenas um homem no Congresso reconheceu que a Reserva Federal é uma entidade inconstitucional e, portanto, ilegal.

O congressista Louis T. McFadden era esse homem. Apresentou um processo contra a Reserva Federal, alegando que esta tinha roubado milhares de milhões de dólares ao povo americano, e exigiu o dinheiro de volta. Mas McFadden foi assassinado antes do seu processo ir a tribunal, pelo que nada resultou disso. Outra acção inconstitucional juntamente com a Reserva Federal é a Lei da CIA de 1949, que criou um mecanismo orçamental que permitiu à CIA gastar tanto dinheiro quanto desejava "sem ter em conta as disposições legais e regulamentares relacionadas com a despesa de fundos governamentais". Em suma, a CIA tem uma forma de financiar qualquer coisa - legal ou ilegal - por detrás da barreira das leis de segurança nacional e o Congresso tem permanecido e permitido que esta organização inconstitucional usurpe a sua autoridade sem levantar um dedo para impedir uma violação tão deplorável da Constituição dos EUA e a perda dos seus poderes.

Capítulo 2

O comércio da droga

Pode parecer estranho para a maioria dos leitores pensar que poderia haver uma ligação positiva entre o tráfico de droga e a bolsa de valores, mas considerem o seguinte: no final dos anos 90, o Departamento de Justiça dos EUA estimou que o produto deste comércio que entrava no sistema bancário dos EUA valia entre 500 mil milhões e 1.000 mil milhões de dólares por ano, ou mais de 5-10% do produto interno bruto (PIB). Os produtos do crime devem encontrar o seu caminho para canais legítimos, isto é, legais, caso contrário não têm qualquer valor para os seus detentores. Se se assumir também que o sistema bancário recebe uma comissão de 1% pelo processamento, os lucros que os bancos obtêm das actividades relacionadas com a droga são da ordem dos 5-10 mil milhões de dólares.

Se aplicarmos o actual múltiplo de mercado do Citigroup de cerca de 15 a este valor, obtemos uma capitalização de mercado entre $65 e $115 mil milhões. Assim, é fácil ver como o comércio ilegal de drogas é importante para a indústria dos serviços financeiros. Acontece que este comércio de lucros ilegais está concentrado em quatro estados: Texas, Nova Iorque, Florida e Califórnia, ou quatro distritos da Reserva Federal: Dallas, Nova Iorque, Atlanta e São Francisco. Podemos assumir seriamente que a Reserva Federal não está ciente disto, mesmo que o Departamento de Justiça esteja? Afinal de contas, são eles que gerem o fluxo e devem saber de onde ele vem.

Uma razão para o silêncio da Reserva Federal é que agências do próprio governo estão envolvidas no tráfico de droga há sessenta anos ou mais, como explico em detalhe no meu livro *O Comércio de Drogas de A a Z*. Para compreender o orçamento negro utilizado pela CIA e outras agências, é preciso estar ciente da prática norte-americana de abertura do mercado de consumo de drogas dos EUA aos exportadores, a fim de prosseguir objectivos estratégicos no estrangeiro. A portabilidade dos narcóticos e o enorme aumento dos preços entre a produção e o ponto de venda fazem deles uma fonte de financiamento particularmente útil para operações encobertas. Mais importante ainda, as receitas da venda de drogas estão completamente fora dos canais de financiamento convencionais e constitucionais. Isto explica em parte o tráfico de drogas em zonas de conflito em todo o mundo, desde a Colômbia até ao Afeganistão. Por exemplo, desde o início das hostilidades no Afeganistão com o envolvimento das forças da OTAN, o cultivo da papoila e a produção de ópio em bruto aumentaram de 3.000 para 6.000 toneladas por ano.

O impacto do tráfico de droga nas comunidades e economias no ponto de venda, no entanto, é pouco estudado. Considerar, por exemplo, o impacto nos mercados imobiliários e serviços financeiros. O sector imobiliário é um sector atractivo para empregar o excesso de dinheiro proveniente da venda de drogas porque, como indústria, é totalmente desregulamentado no que diz respeito ao branqueamento de dinheiro. Como o dinheiro é um método de pagamento aceitável e, em alguns lugares, familiar, grandes somas podem ser facilmente descartadas sem grandes comentários. Isto pode e resulta numa considerável distorção da procura local, que por sua vez alimenta a especulação imobiliária e o aumento da procura de crédito para a financiar, bem como proporciona oportunidades consideráveis de especulação e fraude.

O contras imbroglio iraniano nos anos 80 continha todos estes elementos; embora muitos estejam conscientes da venda de armas ao Irão para fornecer dinheiro para financiar a guerrilha apoiada pela CIA na Nicarágua e esquadrões da morte em El Salvador, estão menos conscientes de que as instituições financeiras locais e a venda de drogas no sector bancário dos EUA alavancam o dinheiro gerado por actividades "ilegais", ao mesmo tempo que tornam possível o branqueamento dos fundos. E quando um banco falha, os accionistas, os depositantes não segurados e os contribuintes pagam a conta. O tráfico de droga cria um ambiente em que os incentivos ao envolvimento em actividades não económicas são maiores do que os incentivos ao envolvimento em actividades económicas. Em suma, os lucros do roubo são mais elevados do que os do cumprimento.

O poder do governo, combinado com os avanços na tecnologia informática, facilitou a gestão dos fluxos de caixa nacionais - e por extensão internacionais - durante as últimas quatro décadas.

A vitória americana na Segunda Guerra Mundial levou à cooptação de todo o Ocidente e das suas dependências para o Fundo Monetário Internacional (FMI) negociado em Bretton Woods em 1944. Quarenta e cinco anos mais tarde, o colapso da União Soviética em 1989 significou que, pela primeira vez na história, não houve outra escolha monetária ou política na cena internacional. O Império Britânico tinha-se rendido aos americanos precisamente porque a América oferecia uma alternativa à libra esterlina, nomeadamente o dólar.

Hoje, os Estados Unidos presidem a um sistema monetário global mais ou menos totalmente fechado, baseado no dólar. Na prática, isto significa que os países dentro do sistema devem trocar valor real sob a forma de recursos naturais como petróleo e gás, bens manufacturados e mercadorias com o cartel americano em troca de dólares, que não são mais do que um registo contabilístico criado a partir do nada. Isto é análogo a uma empresa sem activos que trocam acções diluídas por dinheiro, e não é um acidente. Foi uma técnica favorecida pela qual a dinastia J. P. Morgan do século XIX financiou com sucesso a consolidação da indústria e finanças americanas.

Os seus herdeiros estão ocupados a fazer a mesma coisa, mas a uma escala global. E tudo isto está a acontecer ao ar livre, para além da fase de conspiração. Graças ao seu controlo financeiro único, os EUA puderam embarcar em aventuras militares globais dispendiosas, cujo resultado está longe de ser certo. Isto marca o culminar de mais de cinquenta anos de guerra aberta e secreta contínua. É apoiado pelo aparelho financeiro mais sofisticado da história, capaz de mobilizar o dinheiro gerado por uma grande variedade de actividades tanto abertas como encobertas. O preço tem sido o esvaziamento gradual da própria economia dos EUA e a erosão gradual das liberdades civis e do Estado de direito. Será também o fim desta República.

Todas as guerras começam com situações inventadas

O partido de guerra tem sido geralmente capaz de manter o controlo da política externa dos EUA através do seu controlo praticamente inabalável do processo político. Fê-lo através do seu domínio do sistema bipartidário que consagrou os Democratas e Republicanos como as duas únicas opções reais para os eleitores americanos. Mesmo quando o povo americano se opôs ao intervencionismo - como no período que antecedeu a Segunda Guerra Mundial, por exemplo - as elites pró-guerra manipularam o processo político e asseguraram que os eleitores fossem apresentados com dois candidatos belicistas em vez de um. Em 1968, no auge da Guerra do Vietname, um processo cuidadosamente encenado de selecção de delegados eliminou Eugene McCarthy da nomeação presidencial democrata. Na política presidencial, o sistema só falhou uma vez, no caso de George McGovern, e tem trabalhado desde então com implacável eficácia para assegurar que o povo dos Estados Unidos *nunca tenha* de votar sobre a direcção da política externa americana.

É assim que vamos para a guerra, apesar do sentimento popular anti-guerra, e é assim que nos mantemos nela - independentemente da enorme percentagem do público americano que diz que a nossa actual ocupação do Iraque é desnecessária. No entanto, há sinais de que a liderança de pelo menos um dos principais partidos está a começar a ser desvendada. Este desgaste é uma resposta ao sentimento antiguerra das bases que está a energizar um número crescente de activistas do Partido Democrático - antigos e novos - forçando os líderes moribundos a pronunciarem-se contra a ocupação do Iraque ou a juntarem-se ao Senador Joe Lieberman, o mais forte apoiante do presidente na guerra. Alguns dizem que é porque Bush é um apoiante tão certo de Israel. De facto, Lieberman é mais realista do que o rei, atacando qualquer ideia de retirada das tropas como sendo inadmissível, e até exigindo o fim de qualquer conversa de retirada, e que os EUA ataquem o Irão.

A ala Lieberman dos Democratas sempre teve como objectivo limitar o debate, encerrar a discussão e controlar os candidatos e a estrutura organizacional do partido a nível dos círculos eleitorais para garantir que não surja qualquer desafio ao intervencionismo e ao militarismo a partir de baixo. Estes foram os últimos Democratas Scoop Jackson, os precursores dos actuais "neoconservadores", que foram mais belicosos que muitos republicanos na era da Guerra Fria, e que sempre insistiram que a política deveria parar à beira da água (ou seja, que a política externa nunca deveria ser debatida) e que o grande consenso bipartidário a favor de uma intervenção global deveria poder continuar, para sempre, sem contestação.

Os neoconservadores são geralmente considerados exclusivamente republicanos, mas isto ignora a sua história como uma tendência política e ideológica - e os antecedentes dos Democratas Scoop Jackson, incluindo Richard Perle, um assistente de Jackson; Elliot Abrams, antigo chefe de gabinete do Senador Daniel P. Moynihan; e notáveis "neo-Bolshevik" como Ben Wattenberg, Joshua Muravchik e Marshall.

Foi Truman, claro, quem abriu o precedente ao assumir o poder de enviar tropas para o estrangeiro sem uma declaração de guerra - um feito que até Franklin Roosevelt, que aspirava abertamente a ser um ditador, não se atreveu a tentar.

Quando a República americana começou a transformar-se num império, foi considerado necessário - pelos líderes de ambas as partes - dar ao chefe do executivo poderes imperiais, ou seja, o poder de travar uma guerra sem consultar ninguém. Em 1950, quando o Presidente Truman enviou tropas americanas à Coreia, apenas alguns republicanos se opuseram a esta usurpação da Constituição e advertiram que os americanos um dia se arrependeriam de a ter deixado acontecer.

> "Se o presidente pode intervir na Coreia sem aprovação do Congresso", disse o Senador Robert A. Taft, "... ele pode ir

para a guerra na Malásia, Indonésia, Irão ou América do Sul.

Em todo o caso, os democratas trumanos estão a passar por um período difícil nos dias de hoje: a base do partido - especialmente a chamada net-roots - está a ter um impacto real pela primeira vez desde a Guerra do Vietname. O apoio fervoroso de Lieberman à guerra provocou uma oposição, e ele enfrentou um partido primário, com o milionário Ned Lamont, que tinha feito da guerra o tema principal da campanha, ganhando constantemente terreno nas sondagens. Lamont foi escolhido como candidato do partido em vez de Lieberman, que pediu então para ser colocado no escrutínio como "independente".

O apoio de Lieberman à guerra foi impopular junto dos eleitores, mas aparentemente muito bem financiado e apoiado pelo lobby da AIPAC; derrotou Lamont e foi reeleito para o Senado por mais quatro anos. Como co-presidente da nova Comissão de Perigo Atual, Lieberman serve como um homem de fachada para a ala mais radical do movimento neo-Bolshevique: líderes belicistas como James R. "World War IV" Woolsey, Ken "Cakewalk" Adelman, Frank Gaffney, e Midge Decter, entre muitos outros, que acreditam que o apoio dos EUA a Israel é a questão mais importante na política dos EUA. Mas é claro que "os terroristas" (isto é, os insurgentes iraquianos) podem - e *estão* - a derrotar-nos militarmente.

São vitoriosos enquanto conseguirem manter o actual impasse. Quanto à desilusão do povo americano nesta guerra, ela deriva do facto de lhes ter sido mentido e levado a um pântano. A recente condenação de "Scooter" Libby, chefe de gabinete do vice-presidente Dick Cheney, abriu uma lata fedorenta de vermes que mostra quão grande e generalizada era a panóplia de mentiras e enganos que levou os EUA ao Iraque pela segunda vez. Não que isso fizesse qualquer diferença apreciável. Os conspiradores iniciaram uma acção que se está a desenrolar ao ar livre. Em suma, a administração Bush e os seus parceiros britânicos já passaram bem a fase de conspiração.

A ideia de que o neo-medievalismo de Osama bin Laden and Co. representa uma ameaça tão grande como o comunismo e/ou o fascismo é absurda no seu rosto: o movimento comunista internacional, no seu auge, representou milhões de ideólogos empenhados que, por sua vez, foram apoiados pela União Soviética e pelos seus satélites com armas nucleares. Em praticamente todos os países do planeta, os agentes altamente disciplinados do Kremlin agitaram e recrutaram para a sua causa, subindo ao apelo de Moscovo e mantendo-se discretos quando a discrição era necessária.

Os revolucionários islamistas, por outro lado, não podem reivindicar tais vantagens: não detêm o poder do Estado em parte alguma, e os seus apoiantes estão em grande parte confinados ao Médio Oriente e ao Norte de África, com pequenos postos avançados de apoio no Afeganistão e no Sul da Ásia. Além disso, esta fantasia de um "novo império do mal" sob a forma de um "califado" islamista global não é um papão muito convincente. Para além da futilidade de unir uma comunidade largamente disfuncional de nações árabes-muçulmanas - o que só levaria a disfunções em muito maior escala - este chamado "califado" não ameaçaria ninguém no Ocidente. Israel - que, da última vez que olhei para um mapa, não está localizado no Ocidente - seria o único potencial perdedor.

Quanto à comparação com o fascismo e o nacional-socialismo: a Alemanha nazi, no seu auge, comandou a máquina de guerra mais poderosa do planeta. Hitler era o mestre da Europa e os seus exércitos marchavam sobre Moscovo, rodeando os resquícios da resistência à hegemonia alemã ao tomar posse do Norte de África e ao preparar-se para atacar os britânicos.

Onde se encontra uma força comparável no mundo muçulmano? Bush e Cheney vivem um episódio de ficção histórica, em que são os heróis da verdade que ousam nadar contra a maré da opinião dentro do seu próprio partido. Estão a lutar em nome da luta pela "democracia" contra os "pacifistas" da era moderna, que, como diz a insinuação, são hostis à guerra porque são secretamente (ou não tão secretamente) pró-inimigo.

De acordo com Lieberman, se os Democratas se opuserem a esta guerra fútil lançada com base numa mentira, então os terroristas terão ganho porque lhes teremos permitido "dividir-nos e derrotar-nos politicamente". Se é contra a guerra, é a favor da Al-Qaeda. "Esta é a mensagem de Lieberman, que é tão consistente sobre esta questão como George W. Bush, mesmo que seja um pouco mais veemente.

A visão Bush-Cheney de que estamos envolvidos nesta batalha épica - semelhante à luta contra o Hitlerismo e Estalinismo - é partilhada por absolutamente ninguém que saiba alguma coisa sobre a Al-Qaeda ou o Médio Oriente e que tenha um pouco de bom senso. Tanto o comunismo como o fascismo eram movimentos de massas que tomaram o poder em vários países e eram capazes de levar a cabo um ataque militar convencional contra os Estados Unidos.

Os islamistas radicais que declararam guerra à América são a vanguarda numericamente fraca de uma insurreição global capaz - por enquanto - de se envolver numa guerrilha de pequena escala. O comunismo era uma crença universal: o apelo do comunismo e do fascismo era muito maior do que o da Al-Qaeda, que só pode esperar recrutar os mais alienados e os mais capazes de se unirem à sua causa. Poucos que ainda não sejam muçulmanos zelosos irão converter-se ao islamismo radical.

Capítulo 3

A técnica do golpe de estado

Vamos discutir a informação sobre os golpes para nos ajudar a compreender o que está a acontecer hoje.

Da Ucrânia ao Líbano e ao Quirguizistão, a iconografia da revolução é sempre a mesma. De facto, muitos dos agentes responsáveis pela mudança de regime sob Ronald Reagan e George Bush sénior, exerceram voluntariamente o seu comércio no antigo bloco soviético sob Bill Clinton e George Bush júnior. Por exemplo, o General Manuel Noriega relata nas suas memórias que os dois agentes da CIA e do Departamento de Estado que foram enviados para negociar e depois organizar a sua queda do poder no Panamá em 1989 foram William Walker e Michael Kozak.

Walker ressurgiu no Kosovo em Janeiro de 1999 quando, como chefe da Missão de Verificação do Kosovo, supervisionou a criação artificial de uma atrocidade fictícia, que se revelou ser o *casus belli da* guerra do Kosovo, enquanto Michael Kozak se tornou embaixador dos EUA na Bielorrússia, onde em 2001 montou a Operação White Stork para derrubar o presidente em exercício, Alexander Lukashenko. Numa troca de cartas com *The Guardian* em 2001, Kozak admitiu descaradamente que estava a fazer na Bielorrússia exactamente o que tinha feito na Nicarágua e no Panamá, nomeadamente "promover a democracia". A técnica moderna de um golpe de estado tem essencialmente três componentes. Estes são:

> ➢ Organizações não-governamentais

> ➢ Controlo dos meios de comunicação social

> ➢ Os agentes secretos

Uma vez que as suas actividades são efectivamente permutáveis, não as tratarei separadamente.

Sérvia 2000 - "Poder Popular"

O derrube de Slobodan Milosevic não foi obviamente a primeira vez que o Ocidente usou de influência encoberta para provocar uma "mudança de regime". O derrube de Sali Berisha na Albânia em 1997 e de Vladimir Meciar na Eslováquia em 1998 foram fortemente influenciados pelo Ocidente e, no caso de Berisha, uma revolta extremamente violenta foi apresentada como um exemplo bem-vindo e espontâneo do poder das pessoas. Foi um exemplo clássico de como a comunidade internacional, e em particular a Organização para a Segurança e Cooperação na Europa (OSCE), manipulou os resultados da monitorização eleitoral para assegurar uma mudança política. No entanto, o derrube de Slobodan Milosevic em Belgrado a 5 de Outubro de 2000 é significativo porque ele é uma figura muito conhecida e porque a "revolução" que o derrubou envolveu uma demonstração muito ostensiva do chamado "poder do povo".

O pano de fundo do golpe contra Milosevic foi brilhantemente descrito pela British Sky TV. Esta conta é valiosa porque elogia os eventos descritos; é também interessante porque se orgulha de ter contactos extensivos com os serviços secretos, especialmente os da Grã-Bretanha e da América. Eis uma parte do programa:

Em cada caso, o jornalista parece saber quem são os principais agentes da inteligência. O seu relato está repleto de referências a "um oficial MI6 em Pristina", "fontes de inteligência militar jugoslava", "um homem da CIA que estava a ajudar a organizar o golpe", "um oficial da inteligência naval americana", e assim por diante. O jornalista cita relatórios secretos de vigilância da polícia secreta sérvia; ele sabe quem é o oficial do Ministério da Defesa em Londres que está a desenvolver a estratégia para se livrar de Milosevic; ele sabe que o gabinete do Ministro dos Negócios Estrangeiros britânico em Pristina está a desenvolver uma estratégia para se livrar de Milosevic.

Ele sabe quem são os oficiais dos serviços secretos russos que acompanham Yevgeny Primakov, o Primeiro-Ministro russo, a Belgrado durante o bombardeamento da NATO; sabe quais as salas sob escuta na Embaixada Britânica e onde estão os espiões jugoslavos que ouvem as conversas dos diplomatas; sabe que um membro do Comité de Relações Internacionais da Câmara dos Representantes dos EUA é, de facto, um oficial dos serviços secretos navais dos EUA. Ele descreve como a CIA escoltou fisicamente a delegação do Exército de Libertação do Kosovo (UCK) do Kosovo a Paris para as conversações préguerra em Rambouillet, onde a OTAN fez um ultimato à Jugoslávia que sabia que só podia rejeitar; e refere-se a "um jornalista britânico" que actua como intermediário entre Londres e Belgrado para negociações secretas de importância vital, já que as pessoas procuravam trair-se umas às outras à medida que o poder de Milosevic se desmoronava.

Um dos temas que involuntariamente percorre a reportagem é a linha ténue entre os jornalistas e os spooks. Desde o início, refere casualmente "as ligações inevitáveis entre oficiais, jornalistas e políticos", afirmando que as pessoas das três categorias "trabalham no mesmo campo".

O jornalista continua a brincar que "foi uma combinação de 'fantasmas', 'jornalistas' e 'políticos' acrescentados ao 'povo' que provocou o derrube de Slobodan Milosevic. Ele cai no mito de que "o povo" estava envolvido, mas o resto do seu relatório mostra que, de facto, o derrube do presidente jugoslavo só aconteceu devido a estratégias políticas deliberadamente concebidas em Londres e Washington para se livrarem dele". Em suma, não teve nada a ver com o "poder das pessoas".

Acima de tudo, o jornalista deixa claro que em 1998 o Departamento de Estado dos EUA e as agências de inteligência decidiram utilizar o Exército de Libertação do Kosovo para se livrarem de Slobodan Milosevic. Ele cita uma fonte dizendo: "A agenda americana era clara. Na altura certa, iriam utilizar o UCK para dar uma solução ao problema político" - sendo o "problema" a sobrevivência política de Milosevic. Isto significava apoiar o secessionismo terrorista do UCK e, mais tarde, travar uma guerra contra a Jugoslávia ao seu lado. O jornalista cita Mark Kirk, um oficial dos serviços secretos navais dos EUA, como dizendo: "Eventualmente, lançámos uma operação maciça contra Milosevic, tanto encoberta como aberta".

A parte encoberta da operação consistiu não só em encher as várias missões de observação enviadas para o Kosovo com agentes dos serviços secretos britânicos e americanos, mas também - crucialmente - em fornecer apoio militar, técnico, financeiro, logístico e político ao UCK, que, como ele próprio admite, "contrabandeava drogas, prostituição organizada e assassinava civis". Em suma, o KLA era um grupo de bandidos e assassinos.

A estratégia começou em finais de 1998, quando "uma enorme missão (estabelecida) da CIA no Kosovo". O Presidente Milosevic tinha permitido à missão de observação diplomática entrar no Kosovo para acompanhar a situação na província. Foi um erro fatal.

Este grupo ad hoc foi imediatamente aumentado por oficiais dos serviços secretos britânicos e americanos e forças especiais - homens da CIA, dos serviços secretos navais americanos, da SAS britânica e do chamado '14 Regimento', um corpo do exército britânico que opera ao lado da SAS para fornecer a chamada 'vigilância profunda'.

O objectivo imediato desta operação era "a preparação da inteligência do campo de batalha" - uma versão moderna do que o Duque de Wellington fez, vasculhando o campo de batalha para ter uma ideia do terreno antes de enfrentar o inimigo. Blücher pensou que isto era uma perda de tempo, mas provou-se que ele estava errado. Assim, como ele diz: Oficialmente, o KDOM foi gerido pela Organização para a Segurança e Cooperação na Europa... não oficialmente, foi gerido pela CIA.... A organização estava cheia deles... Era uma frente da CIA.

Os americanos devem ter muitas perguntas a este respeito. A operação encoberta foi aprovada pelo Congresso e, em caso afirmativo, em que base? Se fosse aprovada, contrariava a Constituição dos EUA e nunca deveria ter sido financiada.

Muitos destes oficiais trabalhavam para outra frente da CIA, a DynCorp, uma empresa com sede na Virgínia que emprega principalmente "membros das unidades militares de elite dos EUA ou da CIA". Utilizaram o KDOM, que mais tarde se tornou a Missão de Verificação do Kosovo, para fins de espionagem. Em vez de desempenharem as tarefas de vigilância que lhes foram atribuídas, os oficiais partiram para utilizar os seus dispositivos de posicionamento global para localizar e identificar alvos, que seriam depois bombardeados pela OTAN. É difícil compreender como é que os jugoslavos podiam deixar 2000 agentes dos serviços secretos altamente treinados vaguear pelo seu território, especialmente porque Milosevic sabia exactamente o que se estava a passar. (Fim de citação)

O chefe da Missão de Verificação do Kosovo (KVM) foi William Walker, o homem enviado para destituir Manuel Noriega do poder no Panamá e um antigo embaixador em El Salvador, cujo governo apoiado pelos EUA dirigia esquadrões da morte. Walker 'descobriu' o Račak 'massacre' em Janeiro de 1999, um evento que serviu de pretexto para o lançamento do processo, levando o Ministro dos Negócios Estrangeiros alemão Joschka Fisher a chamar 'Račak ao ponto de viragem'. Nenhuma destas pessoas tinha muita credibilidade na altura, e ainda menos hoje, quando as suas acções são ponderadas em relação ao que aconteceu desde então.

Como que para sublinhar a importância do testemunho de Walker, os juízes do tribunal de Haia deram-lhe quase dois dias para testemunhar. O seu "testemunho" seria o ponto alto do alegado papel de Milosevic no chamado massacre de Račak, que preparou o caminho para o bombardeamento da Jugoslávia pela NATO. Pelo contrário, quando Milosevic perguntou quanto tempo deveria interrogar a testemunha, o Juiz May respondeu: *"Três horas, não mais: se se abster de discutir com a testemunha, se se abster de repetir a pergunta, se fizer perguntas curtas, pode obter mais resultados".* Apesar desta feia exibição de preconceitos óbvios da parte de May, que em quaisquer outras circunstâncias a teria visto retirada do banco, as coisas não correram exactamente como a procuradora Carla del Ponte tinha planeado.

William Walker foi o chefe da Missão de Verificação do Kosovo (KVM), criada sob supervisão da OSCE após um acordo entre Milosevic e o enviado norte-americano Richard Hollbrooke, a 13 de Outubro de 1998. Antes da sua comparência em Haia, dois dos inspectores de armas de Walker tinham testemunhado sobre os acontecimentos no Kosovo antes do bombardeamento da OTAN - o seu adjunto, o General Karol Drewienkiewicz, e o Coronel Richard Ciaglinski. Também testemunharam sobre o alegado massacre em Račak. Qual foi o caso contra Milosevic?

A 15 de Janeiro de 1999, membros da polícia e do exército sérvios, acompanhados pelos inspectores da KVM e dos meios de comunicação social, montaram uma operação contra homens armados do Exército de Libertação do Kosovo (UCK), que acreditavam estar escondidos em Račak após emboscada e assassinato de três polícias. O exército enviou porta-aviões blindados e artilharia para Račak, Petroovo, Malopoljce e Renaja. Dois dias depois, após intensos combates entre as forças jugoslavas e o UCK, Drewienkiewicz e Walker visitaram a área. Drewienkiewicz explicou como no caminho: *'Walker deixou-me claro que eu tinha de adoptar uma atitude extremamente intransigente nesta matéria. À chegada, o KLA levou-os para uma ravina que continha 45 cadáveres.* Nenhum representante do governo sérvio esteve presente durante este "exame".

Uma vez descobertos os corpos, Drewienkiewicz disse ao tribunal que *"o assistente de Walker correu para o topo de uma colina para telefonar à OTAN".* Numa conferência de imprensa nessa noite, Walker anunciou que tinha havido um massacre (sem mencionar a morte dos três polícias). Pouco antes do anúncio, Drewienkiewicz diz ter ouvido Walker dizer a Richard Hollbrooke ao telefone, *"Dick, podes dizer adeus ao teu Prémio Nobel da Paz".* Drewienkiewicz acrescentou: *"Fiquei surpreendido na altura em que ele foi tão específico a ponto de se referir ao evento como um massacre. No entanto, concordo com o que ele disse.*

Walker admitiu que Drewienkiewicz o tinha informado 14 horas antes - na noite de 15 de Janeiro - dos combates na área entre o UCK e o exército e que três polícias tinham sido mortos na área três ou quatro dias antes. Também teve conhecimento de relatórios policiais a 15 de Janeiro de que 15 milicianos do UCK tinham sido mortos em Račak, mas na conferência de imprensa disse que não acreditava nisso. O filme também o mostra a andar entre cadáveres com uniforme do KLA.

Walker realizou a sua conferência de imprensa a 16 de Janeiro sem mencionar o polícia morto ou o UCK e dizendo que os corpos eram todos de civis. O seu comunicado de imprensa foi, disse ele, "totalmente minha criação". (Página 6805)

Walker admitiu que não era "um investigador da cena do crime" (página 6801) e quando um deles chegou - a juíza Danica Marinkovi - a 17 de Janeiro, recusou-se a encontrar-se com ela. Durante o seu testemunho, disse que não se lembrava de Hollbrooke ou do comandante da NATO, o General Wesley Clark, falando com ele - *"Não se lembrava de mim a falar com algumas das pessoas que mais tarde me disseram que tinham falado".*

No entanto, Wesley Clark lembra-se de falar com Walker. No seu livro, Clark descreve um telefonema de Walker a 16 de Janeiro: *"Wes, temos aqui problemas"*, começou.

> "Eu conheço um massacre quando o vejo. Já os tinha visto antes, quando estive na América Central. E vejo agora um massacre... São quarenta numa vala, talvez mais. Não são combatentes, são agricultores, pode-se ver pelas suas mãos e pelas suas roupas. E foram alvejados à queima-roupa".

O relato de Walker foi contestado pelas conclusões de uma equipa forense finlandesa chamada a investigar o incidente. A equipa criticou primeiro o facto de, na pressa de descrever o incidente Račak como um massacre, os procedimentos básicos da cena do crime não terem sido realizados. Três dias após o evento, a equipa forense finlandesa relatou que em momento algum o local do incidente tinha sido isolado para impedir o acesso não autorizado. O relatório afirmava:

Segurança e Cooperação na Europa (OSCE) e a União Europeia ou a imprensa.

Outros resultados mostram que apenas uma vítima falecida era do sexo feminino. Uma vítima tinha menos de 15 anos de idade. Seis tinham sofrido ferimentos de bala. A maioria dos 44 tinha múltiplas feridas de diferentes ângulos e elevações, características de um tiroteio e não de uma execução a curta distância. Apenas um tinha sido atingido à queima-roupa e não havia provas de mutilação post-mortem. A equipa não pôde confirmar que as vítimas eram de Račak.

Comparar a atitude de Walker em relação a Račak com a sua atitude em relação ao assassinato de seis padres jesuítas em El Salvador ou ao assassinato de adolescentes em Pec pelo UCK. Em El Salvador, Walker tentou culpar o assassinato dos jesuítas por guerrilheiros disfarçados de soldados. Ele disse ao ICTY:

"Em retrospectiva, fiz uma afirmação imprecisa.

Quando o UCK foi acusado de matar adolescentes sérvios em Pec, disse ele:

"Quando não se sabe o que aconteceu, é muito mais difícil dizer... Até hoje, não sabemos quem cometeu este acto.

Ele não mostrou a mesma cautela em relação a Račak.

Quando Milosevic tentou referir-se aos acontecimentos em El Salvador, o Juiz May interveio, dizendo: *"A vossa tentativa de desacreditar esta testemunha com acontecimentos há tanto tempo atrás que a Câmara de Julgamento os considerou irrelevantes"*. E mais tarde: *"Esta é uma pergunta absurda, absolutamente absurda. Agora estás a desperdiçar o tempo de todos"*. Os jurados podem tirar as suas próprias conclusões da atitude do Mays quanto à sua aptidão ou não para julgar as questões envolvidas.

Milosevic chamou a atenção para o facto de que Walker estava no mesmo aeroporto, Illopango, com o Tenente Coronel Oliver North que fornecia armas aos Contras, enquanto Walker deveria estar a fornecer-lhes ajuda humanitária. Walker explicou isto, dizendo

> "Sem o meu conhecimento, sem o conhecimento do Departamento de Estado, sem o conhecimento do mundo, um Coronel Oliver North no Conselho de Segurança Nacional estava a fazer coisas que acabaram por ser consideradas ilegais pelo Juiz Walsh e pela sua comissão. "

Milosevic continuou a tentar desacreditar a conta de Walker e a sua interpretação dos acontecimentos em Račak.

Perguntou ao Walker:

> Já que estamos a falar de Račak, na sua declaração diz o seguinte: "Olhando para estes corpos, reparei em várias coisas. Em primeiro lugar, a julgar pelas feridas e pelo sangue à sua volta, bem como pelas poças de sangue seco no chão à volta dos corpos, era óbvio que estas eram as roupas que as pessoas estavam a usar quando foram mortas. Não havia dúvidas na minha mente de que tinham morrido onde estavam. A quantidade e a localização do sangue no chão à sua frente, cada um deles, era uma clara indicação disso.

Milosevic pediu que uma série de fotos dos corpos fosse mostrada na ordem correcta e pediu:

> Onde se encontra este sangue perto dos corpos ou de corpos individuais? Onde viu vestígios de sangue?

Foi assim que começou o seguinte intercâmbio:

Walker: *"Nesta fotografia?*

Milosevic: *"Há sangue aqui, em qualquer lugar? "*

Walker: *"Acho que é sangue. "*

Milosevic: *"Fala-se de poças de sangue no chão, e no chão não há sangue nenhum.*

Walker: *"Não nesta fotografia. "*

Milosevic: *"Também não na foto anterior. Há sangue, vestígios de sangue, poças de sangue também aqui no chão?"*

Walker: *"Não nesta fotografia."*

Milosevic: *"Nem mesmo aqui, não há sangue no chão, e vemos que há pedras por todo o lado.*

Algumas das fotografias utilizadas no julgamento foram tiradas por um dos observadores de Walker na KVM, um Inspector da Polícia Metropolitana de Londres, Ian Robert Hendrie, que tinha recentemente dado provas no julgamento da sua viagem ao "local do massacre".

Quando perguntado por Milosevic se ele tinha visitado o local acompanhado ou sozinho, Hendrie respondeu que alguém lhe tinha mostrado o local. Foi-lhe perguntado quem e respondeu: *"Não sei.* Hendrie não conseguiu explicar porque é que as suas fotografias mostravam apenas manchas de sangue e não poças. No seu testemunho anterior, o médico-chefe do ICTY Eric Baccard admitiu que a rigidez e a posição dos corpos eram invulgares e que podiam ter sido movidos. Quanto aos ferimentos de bala, disse que era impossível dizer se eram devidos a "um acidente, homicídio ou conflito armado".

Num incidente, Milosevic perguntou a Walker se conhecia um historiador canadiano, Roly Keith, que tinha trabalhado para a OTAN durante 30 anos e que era o líder da KVM em Kosovo Polje. Walker respondeu de forma negativa e por isso admitiu que não se lembrava do seu próprio líder da KVM no Kosovo.

A razão da memória selectiva de Walker veio à luz quando Milosevic produziu uma citação de Keith que contradisse o testemunho de Walker sobre a situação no Kosovo. disse Keith:

> "Posso testemunhar que em Fevereiro e Março não houve genocídio. No que diz respeito à limpeza étnica, não estive presente e não vi quaisquer acontecimentos que pudessem ser descritos como limpeza étnica. Em relação à minha resposta anterior, gostaria de esclarecer que testemunhei uma série de incidentes, e a maioria deles foram causados pelo UCK, pelos quais as forças de segurança, assistidas pelo exército,

reagiram. "

Capítulo 4

Um tribunal tendencioso

Os silêncios e evasões de Walker sobre as actividades do UCK foram novamente realçados quando Milosevic lhe perguntou se tinha lido o artigo do *Sunday Times* de 12 de Março de 2000 intitulado "CIA Aided Kosovo Guerrilla Army". O Walker respondeu negativamente. O artigo explicava como os agentes dos serviços secretos norte-americanos tinham ajudado a treinar o UCK antes do bombardeamento da Jugoslávia pela OTAN. A CIA monitorizou o cessar-fogo no Kosovo em 1998 e 1999, ao mesmo tempo que forneceu ao UCK manuais de formação e conselhos no terreno.

O artigo também questiona o papel de Walker na preparação do caminho para os ataques aéreos da OTAN. "A agenda dos EUA consistia nos seus observadores diplomáticos, também conhecidos como CIA, a operar em condições completamente diferentes das do resto da Europa e da OSCE, disse um enviado europeu". Enquanto Walker rejeitava as alegações de que queria ataques aéreos, admitiu que a CIA estava envolvida na contagem decrescente. disse Walker:

> "Durante a noite, passámos de um punhado de pessoas para 130 ou mais. Poderia a agência tê-los trazido nessa altura? É claro que poderiam ter. Essa é a sua função. Mas ninguém me disse. "

Embora não haja provas de que Walker fosse um agente da CIA, o seu papel não era, em muitos aspectos, diferente do modus operandi da CIA. O artigo prossegue dizendo que, de acordo com antigas fontes da CIA, os observadores diplomáticos eram "uma frente da CIA, reunindo informações sobre as armas e os líderes do UCK". Um agente disse: "Eu dir-lhes-ia que colina evitar, que bosque ir para trás, esse tipo de coisas". Klorin Krasniqi, um construtor de Nova Iorque e um dos líderes do UCK, disse:

"Era apenas a diáspora albanesa a ajudar os seus irmãos".

O artigo descreve como o UCK contornou uma lacuna que permitia a exportação de espingardas de atirador furtivo para clubes de caça. Agim Ceku, um comandante do UCK, tinha feito muitos contactos durante as últimas fases da guerra através do seu trabalho no exército croata. Ele declarou que o exército croata tinha recebido ajuda de uma empresa americana chamada Military Professional Resources Inc., cujo pessoal se encontrava no Kosovo na altura. O testemunho de Walker foi mais um desastre para o tribunal de Haia. Tem havido demasiada informação sobre a verdadeira série de acontecimentos que levaram ao bombardeamento da Sérvia em 1999. A questão de saber se houve um massacre em Račak exigirá um estudo mais aprofundado, embora haja provas suficientes para que qualquer observador objectivo cometa um erro por parte da prudência. O que é certo é que Walker desempenhou um papel central ao fornecer à OTAN uma justificação para o bombardeamento da Jugoslávia.

Como Jacob de Haas, o biógrafo do juiz Brandeis do Supremo Tribunal dos EUA, escreveu uma vez:

"As negociações governamentais para transacções desta natureza são, contudo, sempre secretas e é geralmente muito difícil obter provas conclusivas no momento da transacção. Quando o evento é irreparável e se perde nas brumas do passado, os homens estão inclinados a escrever as suas memórias e a vangloriar-se de façanhas secretas que uma vez abalaram o mundo. "

Sabemos que apesar dos dados serem carregados contra ele até Maio e Carla del Ponte, Milosevic apresentou uma defesa tão vigorosa que, na opinião de muitos observadores, o tribunal deu a impressão de ser parcial contra ele, deixando-lhe poucas hipóteses de refutar as acusações contra ele. Depois, muito misteriosamente, em circunstâncias que parecem altamente suspeitas, Milosevic foi encontrado morto na sua cela, alegadamente de causas naturais.

Mas sérias dúvidas sobre a causa da sua morte foram levantadas pelo seu médico e pela sua família. Apesar dos fortes protestos da sua família, o veredicto da morte por causas naturais foi mantido.

Kozak e Walker encorajam revoluções

O que emerge do derrube dos governos eleitos do Panamá em 1989, Sérvia em 2000, Bielorrússia em 2001, Venezuela em 2003, Geórgia em 2003, Ucrânia em 2004, Quirguizistão em 2005, e Líbano em 2007 (em curso), o elo de ligação é sempre a afirmação dos EUA de que o princípio subjacente é a "propagação da democracia". Fiz um estudo de todas as "revoluções" acima referidas e os resultados foram publicados na minha série de monografias, começando com a transferência ilegal do canal dos EUA no Panamá e o derrube do General Manuel Noriega.

As principais tácticas aperfeiçoadas no Panamá foram postas em prática na América Latina durante as décadas de 1970 e 1980 sob as presidências de Reagan e George Herbert Walker Bush. Não importava que estes dois presidentes dos EUA afirmassem ser "conservadores". Embora não sob a bandeira da "disseminação da democracia" - que mais tarde foi alterada para "mudança de regime" - refiro-me a ela aqui para mostrar que o conluio entre a Grã-Bretanha e os Estados Unidos é parte integrante dos planos para fazer avançar a Nova Ordem Mundial. O ataque britânico às Ilhas Malvinas, provocado e dirigido por Thatcher, foi tornado possível em grande parte por Reagan, que violou a Doutrina Monroe e ajudou materialmente a força de invasão britânica, mais uma vez em total violação da Constituição dos EUA.

Para que tal sabotagem estratégica das infra-estruturas civis de um regime político tenha sucesso, tem de haver um núcleo de pessoas treinadas no terreno para executar o plano, e o que se tornou evidente foi que muitos dos agentes de mudança de regime sob a presidência de Ronald Reagan e George Bush, o

Ancião, quer da CIA, Departamento de Estado ou funcionários dos meios de comunicação social, todos tinham adquirido experiência no antigo bloco soviético sob as presidências Clinton e George W. Bush. O General Manuel Noriega confirma isto nas suas memórias afirmando que os dois agentes da CIA e do Departamento de Estado que foram enviados para o Panamá para provocar a sua queda do poder em 1989 foram William Walker e Michael Kozak. Já nos encontrámos anteriormente com William Walker nas Honduras e El Salvador, e mais recentemente no Kosovo em Janeiro de 1999, quando Clinton o nomeou para chefiar a missão de verificação do Kosovo.

Kozak foi nomeado embaixador dos EUA na Bielorrússia e utilizou o complexo da embaixada como base, desafiando todas as regras diplomáticas, para fomentar a *Operação White Stork* em 2001 para derrubar o presidente em exercício, Alexander Lukashenko. Este foi um eco da operação montada contra o Dr. Henrik Verwoerd da República da África do Sul, onde o derrube foi gerido pela Embaixada dos EUA em Pretória, de onde toda a ajuda, conforto e enorme generosidade financeira foi dada ao Congresso Nacional Africano Comunista (ANC), sob o pretexto de trazer "democracia" à África do Sul. O slogan 'Um homem, um voto' foi provavelmente o trabalho do Instituto Tavistock. Kozak fez uma conspiração aberta quando escreveu ao *Guardião* em 2001, admitindo que o que estava a fazer na Bielorrússia era exactamente o que tinha feito na Nicarágua e no Panamá, nomeadamente "promover a democracia". Este eufemismo foi utilizado para encobrir um golpe contra países sem o selo de aprovação da Nova Ordem Mundial.

Jeremy Bentham, um dos instigadores e planeadores da Revolução Francesa (um dos primeiros exemplos da "introdução da democracia" em França), foi um dos primeiros a fazer do derrube do governo eleito de França um "movimento popular".

Outros elementos essenciais para um golpe bem sucedido incluem slogans inteligentes, organismos não governamentais, sociedades e organizações ("Liberté, égalité, fraternité") ("Um homem, um voto"), agentes secretos no terreno e controlo da publicidade por parte dos meios de comunicação social.

As operações no Panamá, na América Latina e nos países do antigo bloco soviético foram além das empresas de conspiração da Nova Ordem Mundial. Como vimos no Panamá, Bielorrússia e Sérvia, foram mesmo anunciados como tal. No caso da Sérvia, os meios de comunicação social divulgaram amplamente que a "revolução" era uma manifestação do "poder do povo". Esta afirmação foi repetida repetidamente durante a "Revolução Laranja" na Ucrânia. A Sérvia beneficiou da gestão e cooperação dos chamados países "neutros", em particular a Suécia.

Recorde-se que a Suécia desempenhou um papel maciço ao trazer Lenine e Trotsky de volta à Rússia e ao financiar a revolução bolchevique, que foi uma das primeiras revoluções supostamente emanadas do "poder do povo". Isto envolveu, como no caso do ANC na África do Sul, dar grandes somas de dinheiro, bem como apoio técnico, logístico e estratégico, incluindo armas, a vários grupos de "oposição democrática" e "organizações não governamentais". Na operação sérvia, Walker e os seus associados trabalharam principalmente através do Instituto Republicano Internacional, supostamente uma organização não governamental privada em Washington DC, que tinha aberto escritórios na vizinha Hungria.

O dinheiro e todas as outras necessidades foram trazidos para a Sérvia através de malas diplomáticas (uma grave violação do protocolo diplomático). A pretensão de neutralidade, como no caso da Suécia, que é apenas um exemplo que cito, foi mantida ao não participar na guerra ilegal e criminosa da OTAN contra a Sérvia, permitindo-lhe manter uma embaixada completa em Belgrado com o falso fundamento de que era neutra.

Acredito que a participação da NATO na guerra contra a Sérvia violou as seguintes convenções e que, por conseguinte, é, ao abrigo de uma ou de todas estas convenções, culpada de crimes de guerra:

➤ Os Protocolos de Nuremberga

➤ As quatro Convenções de Genebra

> ➢ A Carta das Nações Unidas

> ➢ A Convenção da União Europeia

> ➢ As regras de Haia que regem o bombardeamento aéreo

A Sérvia é o único país europeu a ter sido bombardeado desde o fim da Segunda Guerra Mundial, com centenas de toneladas de bombas a serem lançadas sobre alvos principalmente civis. Até à data, os autores deste crime de guerra, nomeadamente o Presidente Clinton, o General Wesley Clark, Madeline Albright, os generais da NATO, o Presidente do Conselho da União Europeia e o Secretário-Geral das Nações Unidas, ainda não foram acusados de crimes de guerra. No caso dos americanos, além disso, violaram grosseiramente a Constituição dos EUA em cinco das suas disposições (a lei suprema da terra) e, ao abrigo das disposições da Constituição dos EUA, deveriam ter sido destituídos do cargo, destituídos e julgados por traição. A compra de meios de comunicação é um dos ingredientes principais para um golpe de estado bem sucedido. Supostamente "independentes", tais como a estação de rádio B92, foram largamente financiados por organizações norte-americanas controladas e financiadas por George Soros, que mais tarde desempenhou um papel crucial na Ucrânia e na Geórgia. Os chamados "democratas", constantemente retratados como tal pelos chacais da imprensa americana e britânica, eram agentes estrangeiros, como Milosevic tinha justamente declarado. O golpe político que derrotou Milosevic começou imediatamente após a primeira volta das eleições presidenciais. O que foi apresentado nos ecrãs da televisão ocidental como uma "revolta espontânea do povo" consistiu num grupo cuidadosamente seleccionado de criminosos extremamente violentos e bandidos armados sob o comando de Velimir Ilic, o presidente da câmara da cidade de Cacak.

O comboio de 40 km em direcção ao edifício do Parlamento Federal em Belgrado não era constituído por cidadãos em busca de democracia, mas sim por bandidos, capangas, unidades paramilitares da "Pora Negra" e uma equipa de kick-boxing. O facto é que em 5 de Outubro de 2000, um golpe virtual foi cuidadosamente escondido sob a falsa fachada de uma revolução do poder do povo, e apresentado ao mundo como tal pelos cães de guarda dos media.

O próximo país a sentir o sopro húmido da "democracia popular" foi a Geórgia. As competências aprendidas e aperfeiçoadas no Panamá, Honduras, Guatemala e Sérvia, agora tácticas de golpe de estado padrão, foram implementadas na Geórgia em Novembro de 2003 para derrubar o Presidente Edward Shevardnadze. As mesmas alegações falsas ou distorcidas foram feitas e repetidas vezes sem conta no método de repetição da "grande mentira" aperfeiçoado por Joseph Goebbels. Os meios de comunicação social americanos cúmplices, sem nunca se preocuparem em verificar os factos, publicaram alegações de que a eleição tinha sido manipulada, quando, surpreendentemente, estas alegações tinham sido feitas muito antes das próprias eleições. Foi lançada uma guerra de palavras contra Shevardnadze depois de ter sido há muito idolatrado como grande reformador e democrata. Como no caso de Belgrado, os acontecimentos são desencadeados após uma "tempestade do parlamento", devidamente transmitida em directo pela televisão.

Ambas as transferências de poder foram negociadas pelo ministro russo, Igor Ivanov, que se deslocou a Belgrado e Tbilissi para organizar a partida do titular. O papel de Ivanov parece ter sido o de um Judas (especialmente porque ele era bem conhecido de Shevardnadze e Milosevic da Sérvia). Talvez fosse uma velha conta a ajustar com Shevardnadze? Outro denominador comum entre Belgrado e Tbilissi foi o embaixador americano Richard Miles.

As operações civis subreptícias apoiadas por enormes somas de dólares norte-americanos desempenharam um papel fundamental na Geórgia, tal como o fizeram na Sérvia. Em ambos os casos, era impossível obter detalhes antes desta informação vital ser publicada muito depois dos acontecimentos - pelo que não tinha qualquer utilidade em combater a enorme propaganda anti-Shevardnadze sobre o "poder do povo" que se manifesta na oposição a Shevardnadze. Como é habitual em tais casos, os chacais dos meios de comunicação social tiveram o cuidado de omitir da cobertura impressa e televisiva cada incidente, cada fragmento de informação que apoiava Shevardnadze. No caso da Ucrânia, vemos a mesma combinação de trabalho das organizações não governamentais apoiadas pelo Ocidente, dos meios de comunicação social e dos serviços secretos. As organizações não-governamentais (ONG) desempenharam um papel enorme na deslegitimação das eleições *mesmo antes de estas terem tido lugar.* Alegações de fraude generalizada eram constantemente repetidas. Por outras palavras, os protestos de rua que eclodiram após a segunda volta, ganha por Yanukovich, basearam-se em alegações que *já* circulavam *antes do início da primeira volta.* A principal ONG por detrás destas alegações, o Comité de Eleitores Ucranianos, não recebeu um único cêntimo dos eleitores ucranianos, mas foi inteiramente financiado pelos Estados Unidos. O Instituto Nacional Democrático, uma das suas principais afiliadas, divulgou uma corrente constante de propaganda contra Yanukovich.

Durante os próprios acontecimentos, um observador espanhol neutro pôde documentar alguns dos abusos da propaganda. Estas incluíam a repetição interminável da alegada fraude eleitoral pelo governo; o encobrimento constante da fraude pela oposição; a venda frenética de Viktor Yushchenko, um dos homens mais aborrecidos do mundo, tão carismático como uma múmia egípcia; e a história ridiculamente improvável de que ele tinha sido deliberadamente envenenado pelos seus inimigos (nunca foram feitas detenções ou acusações neste caso fantasioso).

Um artigo interessante de C.J. Chivers, publicado no *New York Times,* indica que sob a supervisão de elementos de origem americana, o KGB ucraniano tinha estado a trabalhar para Yushchenko durante meses antes da chamada "revolta do povo". Detalhes de como a doutrina militar foi adaptada para provocar mudanças políticas surgiram (após o facto) e que foram utilizadas "sondagens de opinião" manipuladas. A metodologia da lavagem ao cérebro e a utilização da "condição direccional interna" estava em conformidade com a metodologia do Instituto Tavistock de Relações Humanas.

Nas histórias anteriores, vimos a implementação da "diplomacia por engano" da Nova Ordem Mundial[3] na sua fase conspiratória.

Muito do que escrevi veio à luz, em muitos casos, o que mostra que (pelo menos na minha opinião) os controladores da Nova Ordem Mundial já não se importam se as pessoas descobrem ou não as suas maquinações - é um facto conspiratório, uma conspiração aberta e é como se os EUA estivessem orgulhosos do papel de liderança que desempenham e não se importam com quem o conhece.

A Revolução Laranja na Ucrânia

O ucraniano Viktor Yanukovych, humilhado na "Revolução Laranja" de 2004, estava prestes a celebrar o seu regresso ao palco político como primeiro-ministro após o seu arqui-inimigo, o Presidente Viktor Yushchenko, ter dado o seu apoio. O pró-ocidental Yushchenko, arquitecto da revolução que derrubou a velha ordem da Ucrânia, escolheu relutantemente a "coabitação" com as inclinações de Moscovo de Yanukovych nas primeiras horas para pôr fim a quatro meses de impasse político.

A sua única outra alternativa real tinha sido dissolver o parlamento, prolongar a crise e arriscar novas eleições que o poderiam ter destruído politicamente. O Sr. Yushchenko disse que tinha decidido propor o Sr. Yanukovych como primeiro-ministro de uma coligação depois de obter garantias escritas de que não tentaria inverter as reformas do mercado e as políticas pró-ocidentais. Não foram dados pormenores sobre as concessões feitas pelo Sr. Yanukovych, que favorece uma aproximação à Rússia, o aliado tradicional do antigo país soviético. O Parlamento deveria aprovar a nomeação do Sr. Yanukovych como primeiro-ministro mais tarde, após o seu

---

[3] Ver *Diplomacia por engano - Um relato da conduta de traição dos governos da Grã-Bretanha e dos Estados Unidos*, Omnia Veritas Ltd, www.omnia-veritas.com

Partido das Regiões ter assinado uma declaração de princípios comuns com o Partido da Nossa Ucrânia do Sr. Yushchenko e outros partidos da coligação. O acordo pôs fim a quatro meses de impasse político durante os quais a Ucrânia tinha apenas um governo de gestão. Para além das concessões extraídas do Sr. Yanukovych, houve perguntas sobre a reacção das bases contra o Sr. Yushchenko, nas suas próprias fileiras "laranja", por ter feito um acordo com o Sr. Yanukovych. A carismática e radical Yulia Tymoshenko, outra grande protagonista na Ucrânia que foi posta de lado no acordo, ainda não tinha mostrado a sua mão.

O seu bloco político ficou em segundo lugar nas eleições parlamentares de Março, que o partido das Regiões do Sr. Yanukovych ganhou facilmente. Apesar de ter conseguido adiar a sua nomeação por algumas horas, não teve votos suficientes no parlamento para a bloquear. Após horas de conversações ao fim da noite para tentar encontrar um acordo de coligação, o Sr. Yushchenko disse num discurso televisivo: "*Decidi propor Viktor Yanukovych* como *primeiro-ministro da Ucrânia*. O Sr. Yushchenko abandonou a sua outra opção, muito arriscada, de dissolver o parlamento e realizar novas eleições, optando, em vez disso, por uma "coabitação" potencialmente complicada com o Sr. Yanukovych. O candidato pró-russo Viktor Yanukovych, o perdedor do concurso presidencial "Revolução Laranja" de 2004, é a criança cartaz da Ucrânia. Evitado por comentadores após a revolução, ganhou finalmente a nomeação para primeiro-ministro após semanas de negociações torturadas. O Sr. Yanukovych recusou-se a ser esquecido depois de ter concedido a derrota nas eleições presidenciais de 2004 ao seu arqui-rival Viktor Yushchenko, que centenas de milhares de manifestantes vieram apoiar quando o resultado inicialmente foi a favor do Sr. Yanukovych.

O Sr. Yanukovych ganhou o concurso, mas quando os protestos maciços da "Revolução Laranja", que parecia irromper espontaneamente em violentas manifestações de rua, o Supremo Tribunal anulou as eleições devido a alegações infundadas de fraude maciça, e ordenou uma nova eleição, que o Sr. Yushchenko ganhou como esperado

Abandonado por muitos dos seus aliados, descartado pela elite política, Yanukovych fez algo que ninguém esperava: começou a jogar segundo as regras dos seus adversários cor-de-laranja. Com a ajuda de consultores americanos, ele adoptou as tácticas utilizadas pelos seus rivais "laranja" em 2004. Implantando bandas de rock e muitos adereços de campanha azuis e brancos, viajou através do sudeste para construir apoio de base. *"Em 2004, estava a fazer campanha como rei coroado"*, disse um diplomata ocidental sénior em Kiev durante a sua campanha. *"Agora está em campanha como político esfomeado"*.

Capítulo 5

Para além da conspiração

O Dr. Howard Perlmutter, Professor de "Engenharia Social" na Escola Wharton e discípulo do Dr. Emery (que) salientou que o "vídeo rock em Katmandu" era uma imagem adequada de como os estados com culturas tradicionais poderiam ser desestabilizados, criando a possibilidade de uma "civilização global".

Há duas condições para tal transformação, acrescentou, "construir redes de organizações internacionais e locais empenhadas internacionalmente" e "criar eventos globais", "transformando um evento local num evento com implicações internacionais quase instantâneas através dos meios de comunicação social". Nada disto é teoria da conspiração - é uma prova factual de uma conspiração.

Os Estados Unidos consideram como política oficial que a promoção da democracia é uma parte importante da sua estratégia global de segurança nacional. Grandes secções do Departamento de Estado, a CIA, agências paragovernamentais como o National Endowment for Democracy, e ONG financiadas pelo governo, como o Carnegie Endowment for International Peace, publicam vários livros sobre "promoção da democracia".

Todas estas operações têm uma coisa em comum: envolvem a interferência, por vezes violenta, das potências ocidentais, particularmente dos Estados Unidos, nos processos políticos de outros Estados, e esta interferência é muito frequentemente utilizada para promover o objectivo revolucionário final da mudança de regime. A fase actual da Nova Ordem Mundial foi chamada "um período para além da conspiração", na medida em que os gestores da Nova Ordem Mundial estão tão encorajados pelos seus últimos sucessos que não se importam se os seus planos se tornaram suficientemente transparentes. Uma das formas mais notáveis de determinar uma fase "para além da conspiração" é a nova política de criar revoluções (na realidade golpes) em vez de montar invasões armadas de países visados. Aparentemente, o fracasso da guerra no Vietname, e a invasão do Iraque pelos militares americanos em 1991 e novamente em 2002 convenceram o Comité dos 300 que um golpe de Estado é preferível a um conflito militar no terreno. Isto não exclui o bombardeamento aéreo, mas também é evidente que o bombardeamento por si só não será suficiente para derrotar a ordem existente dos países visados, a menos que seja à escala do bombardeamento maciço da Alemanha em 1944-1945. As sucessivas "revoluções" que se estão a dar em todo o mundo devem ser vistas no contexto acima referido.

A nova política conhecida como "para além da conspiração" foi lançada com seriedade em Novembro de 2003, quando o Presidente da Geórgia, Edward Shevardnadze, foi derrubado na sequência de manifestações, marchas e alegações de que as eleições parlamentares tinham sido manipuladas, alegações que foram amplamente divulgadas nos meios de comunicação ocidentais, apesar de nunca ter sido produzida qualquer prova credível para apoiar a fraude eleitoral.

Um ano depois, em Novembro de 2004, a chamada "Revolução Laranja" foi organizada na Ucrânia com as mesmas acusações de fraude eleitoral generalizada que dividiram o país. A Ucrânia tem uma grande população pró-russa e a fraude eleitoral não teria sido necessária para manter os laços históricos da Ucrânia com a Rússia, mas os acontecimentos de 2004 - um golpe virtual - colocaram o país no bom caminho para se tornar membro permanente da OTAN e da UE.

Os apoiantes não oficiais da "Revolução Laranja" e os chacais dos meios de comunicação ocidentais garantiram que a chamada "Revolução Popular" foi um sucesso. Alegações de fraude eleitoral foram feitas mesmo antes da votação, e estas alegações foram repetidas vezes sem conta, lideradas pelo Comité de

Eleitores Ucraniano, que não foi financiado por ucranianos, mas recebeu cada dólar do seu financiamento dos EUA. O Soros desempenhou algum papel nisto?

Isto parece provável, mesmo que não esteja provado. Como que para anunciar a sua origem, as paredes dos gabinetes da comissão foram cobertas com fotografias de Madeleine Albright, a instigadora e autora da revolução que derrubou o governo legítimo da Sérvia, enquanto que o Instituto Nacional Democrático alimentou as chamas com correntes de propaganda explosivas contra o principal candidato, o pró-russo Vanukovi.

Capítulo 6

Dois homens curiosos

A sobrevivência do mito da revolução popular espontânea é deprimente, pois mesmo um exame superficial dos factos encontrados em declarações escritas e em várias publicações mostra que é mais do que um mito, na realidade, uma mentira descarada. Há alguns anos, recebi uma cópia de um relato da vida de Curzio Malaparte, cujo verdadeiro nome era Kurt Sucker, escritor, jornalista e diplomata italiano, nascido em Itália em 1898 e falecido em 1957. Estudei o relato, pois parecia que Mao Tse Tung tinha cooptado a ideia de Malaparte de uma "revolução do povo".

Malaparte era um homem notável com um conhecimento notável da Europa e da sua política, adquirido a partir da experiência em primeira mão como diplomata e correspondente do prestigioso jornal romano *Corriere della Serra*. Ele tinha coberto a Frente Oriental da Ucrânia e os seus relatórios foram mais tarde publicados como *Volga Nasce na Europa* (*Volga Rises in Europe*).

Esteve ligado às forças de invasão do General Mark Clark dos EUA em Itália como oficial de ligação e escreveu uma série de excelentes artigos sobre as suas experiências com o exército americano. Após a guerra, Malaparte aderiu ao Partido Comunista Italiano e foi para a China após a criação da "República Popular da China". Depois de ler a história muito interessante da vida de Malaparte, parece que Mao pode ter "emprestado" a Malaparte. Certamente as organizações americanas por detrás da "Revolução Laranja" inspiraram-se em grande parte nas ideias de Malaparte, apoiadas por dinheiro ilimitado de Washington (mais uma vez, George Soros é suspeito mas não provou ser a fonte) e na mais do que voluntária cooperação dos meios de comunicação ocidentais e da CIA. Mas foi provavelmente a *Técnica de Golpe de* Curzio Malaparte que primeiro deu uma expressão muito famosa a estas ideias. Publicado em 1931, este livro apresenta a mudança de regime como uma técnica simples.

Malaparte discorda explicitamente daqueles que pensam que a mudança de regime acontece por si só. De facto, começa o seu livro recontando uma discussão entre diplomatas em Varsóvia no Verão de 1920: a Polónia tinha sido invadida pelo Exército Vermelho de Trotsky (a própria Polónia tinha invadido a União Soviética, apreendendo Kiev em Abril de 1920) e os bolcheviques estavam às portas de Varsóvia.

O debate foi entre o Ministro britânico em Varsóvia, Sir Horace Rumbold, e o Núncio Apostólico, Monsenhor Ambrogio Damiano Achille Ratti - o homem que seria eleito Papa como Pio XI dois anos mais tarde. O inglês declarou que a situação política interna na Polónia era tão caótica que uma revolução era inevitável, e que o corpo diplomático deveria, portanto, fugir da capital e ir para Posen (Poznan).

Nascido em Prato, Toscana, de mãe lombarda e pai alemão, estudou no Colégio Cicognini e na Universidade La Sapienza em Roma. Em 1918, iniciou a sua carreira como jornalista.

Malaparte participou na Primeira Guerra Mundial, onde foi nomeado capitão do quinto regimento alpino e recebeu várias condecorações pelos seus feitos de armas. Em 1922, participou na marcha de Benito Mussolini sobre Roma. Em 1924, fundou o periódico romano *La Conquista dello stato* ("A Conquista do Estado", título que inspirou Ramiro Ledesma Ramos' *La Conquista del Estado*). Como membro do Partito Nazionale Fascista, fundou vários periódicos e contribuiu com ensaios e artigos para outros, assim como escreveu numerosos livros, a partir do início dos anos 20 e dirigiu dois jornais metropolitanos.

Em 1926 fundou o 900 literário trimestral com Massimo Bontempelli (1878-1960). Mais tarde, tornou-se co-editor da

Fiera Letteraria (1928-31) e editor da *La Stampa* em Turim. O seu romance de guerra confessional, *La rivolta dei santi* (1921), critica a Roma corrupta como o verdadeiro inimigo. Em *Tecnica del colpo di Stato* (1931), Malaparte ataca tanto Adolf Hitler como Mussolini. Como resultado, foi destituído da sua filiação no Partido Nacional Fascista e enviado para o exílio interno de 1933 a 1938 na ilha de Lipari.

Foi libertado graças à intervenção pessoal do genro e herdeiro de Mussolini, aparentemente Galeazzo Ciano. O regime de Mussolini voltou a reencenar Malaparte em 1938, 1939, 1941 e 1943 e prendeu-o na infame prisão Regina Coeli, em Roma. Pouco tempo depois da sua estadia na prisão, publicou colecções de contos autobiográficos realistas e mágicos, que culminaram na prosa estilizada *de Donna Come Me* (*Woman Like Me*) (1940).

O seu notável conhecimento da Europa e dos seus líderes baseia-se na sua experiência como correspondente e no serviço diplomático italiano. Em 1941, foi enviado para a Frente Oriental como correspondente do *Corriere della Sera*. Os artigos por ele enviados das frentes ucranianas, muitos dos quais foram suprimidos, foram recolhidos em 1943 e publicados sob o título *Il Volga nasce in Europa* ("O Volga nasce na Europa"). Esta experiência também constituiu a base dos seus dois livros mais famosos, *Kaputt* (1944) e *A Pele* (1949).

Kaputt, o seu relato novelista sub-repticiamente escrito sobre a guerra, apresenta o conflito do ponto de vista daqueles que estão condenados a perdê-lo. A narrativa de Malaparte é marcada por observações líricas, como quando encontra um destacamento de soldados da Wehrmacht a fugir de um campo de batalha ucraniano:

"Quando os alemães têm medo, quando esse misterioso medo alemão começa a entrar nos seus ossos, suscitam sempre um horror e piedade especiais. A sua aparência é miserável, a sua crueldade triste, e a sua coragem silenciosa e sem esperança."

Malaparte continua o grande fresco da sociedade europeia que ele começou em *Kaputt*. Ali foi a Europa de Leste, aqui é a Itália entre 1943 e 1945; em vez dos alemães, os invasores são as forças armadas americanas.

Em toda a literatura que emergiu da Segunda Guerra Mundial, nenhum outro livro apresenta de forma tão brilhante ou tão dolorosa a inocência triunfante americana contra o pano de fundo da experiência europeia de destruição e colapso moral. O livro foi condenado pela Igreja Católica Romana e colocado no Index Librorum Prohibitorum.

De Novembro de 1943 a Março de 1946, esteve ligado ao Alto Comando americano em Itália, como oficial de ligação italiano. Artigos de Curzio Malaparte têm sido publicados em muitas publicações periódicas literárias importantes em França, Reino Unido, Itália e Estados Unidos.

Após a guerra, as simpatias políticas de Malaparte viraram-se para a esquerda e ele tornou-se membro do Partido Comunista Italiano. Em 1947, Malaparte mudou-se para Paris e escreveu dramas sem grande sucesso. A sua peça *Du Côté de chez Proust* foi baseada na vida de Marcel Proust, e *Das Kapital* foi um retrato de Karl Marx. *Cristo Proibito* ("O Cristo Proibido") foi o filme de sucesso moderado de Malaparte - ele escreveu e realizou-o em 1950.

Ganhou o prémio especial "Cidade de Berlim" no Festival de Cinema de Berlim em 1951. Na história, um veterano de guerra regressa à sua aldeia para vingar a morte do seu irmão, alvejado pelos alemães. O filme foi lançado nos Estados Unidos em 1953 sob o título *Strange Deception* e foi votado como um dos cinco melhores filmes estrangeiros pelo National Board of Review. Também produziu o espectáculo de variedades *Sexophone* e planeou percorrer os Estados Unidos de bicicleta.

Pouco antes da sua morte, Malaparte terminou de escrever outro filme, *Il Compagno P.* Após a criação da República Popular da China em 1949, Malaparte interessou-se pela versão maoísta do comunismo, mas a sua viagem à China foi interrompida por uma doença, e ele foi levado de volta a Roma.

Io na Rússia e em Cina, o seu diário de acontecimentos, foi publicado postumamente em 1958. O último livro de Malaparte,

Maledetti toscani, o seu ataque à cultura burguesa, apareceu em 1956. Morreu de cancro.

Esta anedota permite a Malaparte discutir as diferenças entre Lênin e Trotsky, dois praticantes de golpe de estado/revolução. Malaparte mostra que o futuro papa estava certo e que estava errado dizer que eram necessárias condições prévias para que uma revolução se realizasse. Para Malaparte, tal como para Trotsky, a mudança de regime poderia ser promovida em qualquer país, incluindo as democracias estáveis da Europa Ocidental, desde que houvesse um corpo de homens suficientemente determinado para o conseguir. Não há dúvida de que as técnicas de Malaparte foram seguidas à letra na Jugoslávia, Ucrânia e Geórgia.

Esta descrição de Malaparte e das suas ideias é relevante para o que os EUA fizeram no Panamá, Honduras, Nicarágua, Jugoslávia; a relação dos EUA com Mao Tse Tung, a invasão do Iraque e a guerra de palavras em curso com o Irão. Os seus pensamentos e ideias estão a ser utilizados pela nova esquerda (neoconservadores) para provocar uma revolução nos EUA, que está muito mais próxima do que a maioria pensa.

Isto leva-nos a um segundo corpo de literatura, relativo à manipulação dos media. O próprio Malaparte não aborda este aspecto, mas é (a) de considerável importância e (b) claramente um subconjunto da técnica do golpe de estado na forma como a mudança de regime é praticada hoje em dia. De facto, o controlo dos meios de comunicação durante uma mudança de regime é tão importante que uma das principais características destas revoluções é a criação de uma realidade virtual. O controlo desta realidade é em si um instrumento de poder, razão pela qual, em golpes clássicos numa república das bananas, a primeira coisa que os revolucionários apreendem é a estação de rádio nacional.

Existe uma forte relutância psicológica em aceitar que os actuais acontecimentos políticos sejam deliberadamente manipulados. Esta relutância é em si mesma um produto da ideologia da era da informação, que lisonjeia a vaidade das pessoas e as encoraja a acreditar que têm acesso a vastas quantidades de informação. Na realidade, a aparente multiplicidade de informação mediática moderna esconde uma extrema escassez de fontes originais, tal como uma rua de restaurantes numa orla marítima italiana pode esconder a realidade de uma única cozinha nas traseiras.

As reportagens sobre grandes eventos provêm muito frequentemente de uma única fonte, geralmente uma agência noticiosa, e mesmo as organizações noticiosas autorizadas como a BBC simplesmente reciclam a informação que receberam destas agências, apresentando-a como sua. Os correspondentes da BBC sentam-se frequentemente nos seus quartos de hotel quando enviam relatórios, muitas vezes apenas lendo de volta ao estúdio em Londres o que lhes foi dito pelos seus colegas no seu país.

Um segundo factor na relutância em acreditar na manipulação dos media é a sensação de omnisciência que a era dos media de massas gosta de lisonjear: dizer que as notícias são manipuladas é dizer às pessoas que são crédulas, e isso não é uma mensagem agradável de receber.

Há muitos elementos para a manipulação dos meios de comunicação social. Uma das mais importantes é a iconografia política. É um instrumento muito importante para promover a legitimidade de regimes que tomaram o poder através da revolução. Basta pensar em acontecimentos emblemáticos como a tempestade da Bastilha em 14 de Julho de 1789, a tempestade do Palácio de Inverno durante a revolução de Outubro de 1917, ou a marcha de Mussolini sobre Roma em 1922, para ver que os acontecimentos podem ser elevados a fontes quase eternas de legitimidade. No entanto, a importância do imaginário político vai muito além da invenção de um simples emblema para cada revolução. Implica um controlo muito mais profundo dos meios de comunicação, e este controlo tem normalmente de ser exercido durante um longo período de tempo, e não apenas no momento da mudança de regime em si. É essencial que a linha oficial do partido seja repetida *ad nauseam*. Uma característica da actual cultura dos meios de comunicação de massas que muitos dissidentes denunciam preguiçosa e erradamente como 'totalitários' é precisamente o facto de opiniões dissidentes poderem ser expressas e publicadas, mas isto é precisamente porque, sendo meras gotas no oceano, nunca constituem uma ameaça à maré de propaganda.

Um dos modernos mestres deste controlo dos media foi o comunista alemão com quem Joseph Goebbels aprendeu o seu ofício: Willi Munzenberg. Munzenberg não foi apenas o inventor da propaganda, foi também a primeira pessoa a aperfeiçoar a arte de criar uma rede de jornalistas formadores de opinião que propagavam opiniões que se adequavam às necessidades do Partido Comunista na Alemanha e na União Soviética. Também fez uma enorme fortuna no processo, pois acumulou um considerável império mediático, do qual obteve lucros. Munzenberg esteve intimamente envolvido no projecto comunista desde o início. Fez parte do círculo de Lenine em Zurique e em 1917 acompanhou o futuro líder da revolução bolchevique ao Hauptbahnhof de Zurique, de onde Lenine foi transportado num comboio selado e, com a ajuda das autoridades imperiais alemãs, da estação da Finlândia para São Petersburgo. Lênin apelou então a Munzenberg para combater a terrível publicidade em 1921, quando 25 milhões de camponeses da região do Volga começaram a sofrer de fome no novo estado soviético.

Munzenberg, que nessa altura já tinha regressado a Berlim, onde foi mais tarde eleito para o Reichstag como deputado comunista, foi encarregado de criar uma instituição de caridade falsa para os trabalhadores, o Comité Estrangeiro para a Organização de Ajuda aos Famintos na Rússia soviética, cujo objectivo era enganar o mundo a acreditar que a ajuda humanitária vinha de outras fontes que não a Administração de Ajuda Americana de Herbert Hoover. Lenine temia não só que Hoover utilizasse o seu projecto de ajuda humanitária para enviar espiões para a URSS (o que fez), mas também, e talvez mais importante, que o primeiro Estado comunista do mundo fosse fatalmente prejudicado pela publicidade negativa de ter a América capitalista a ajudar apenas alguns anos após a revolução.

Após ter cortado os dentes ao "vender" a morte de milhões às mãos dos bolcheviques, Munzenberg voltou a sua atenção para actividades de propaganda mais gerais. Construiu um vasto império mediático, conhecido como Munzenberg Trust, que possuía dois jornais diários de grande circulação na Alemanha, um jornal semanal de grande circulação e interesses em dezenas de outras publicações em todo o mundo. Os seus maiores golpes mobilizaram a opinião mundial contra a América por causa do julgamento de Sacco-Vanzetti (dois imigrantes anarquistas italianos condenados à morte por homicídio em Massachusetts em 1921) e contrariaram a afirmação nazi em 1933 de que o incêndio do Reichstag era o resultado de uma conspiração comunista.

Os nazis, recorde-se, usaram o fogo para justificar as detenções e execuções em massa de comunistas, embora agora pareça que o fogo foi realmente iniciado pelo homem preso no edifício na altura, o solitário incendiário Martinus van der Lubbe. Munzenberg conseguiu de facto convencer uma grande parte da opinião pública de uma inverdade igual mas oposta à dos nazis, nomeadamente que estes últimos tinham sido os próprios a atear o fogo para terem um pretexto para eliminar os seus principais inimigos.

A principal relevância de Munzenberg para o nosso tempo é que ele compreendeu a importância crucial de influenciar os líderes de opinião. Ele visava particularmente os intelectuais, acreditando que eles eram particularmente fáceis de influenciar devido à sua vaidade. Os seus contactos incluíam muitas das grandes figuras literárias dos anos 30, muitas das quais encorajou a apoiar os republicanos na Guerra Civil Espanhola e a torná-la uma *causa chave* do anti-fascismo comunista.

As tácticas de Munzenberg são de primordial importância para a manipulação da opinião na Nova Ordem Mundial de hoje. Mais do que nunca, os chamados "especialistas" aparecem constantemente nos nossos ecrãs de televisão para explicar o que se passa, e são sempre veículos para a linha oficial do partido. São controlados de várias maneiras, geralmente por dinheiro, lisonjas ou reconhecimento académico.

Existe um segundo corpo de literatura, que faz um ponto ligeiramente diferente da técnica específica que Munzenberg aperfeiçoou. Diz respeito à forma como as pessoas podem ser induzidas a reagir de certas formas colectivas através de estímulos psicológicos.

É nesta base que funciona o Instituto Tavistock de Relações Humanas.[4] Talvez o primeiro grande teórico desta teoria tenha sido o sobrinho de Sigmund Freud, Edward Bernays, que trabalhou na Tavistock e cujo livro *Propaganda*, publicado em 1928, defendia que era natural e correcto que os governos organizassem a opinião pública para fins políticos. O primeiro capítulo do seu livro intitula-se de forma eloquente *'Caos Organizador'*.

Escreve Bernays:

"A manipulação consciente e inteligente das opiniões e dos hábitos organizados das massas é um elemento importante da sociedade democrática. Aqueles que manipulam este mecanismo invisível da sociedade constituem um governo invisível, que é o verdadeiro poder governante do nosso país."

Bernays diz que muito frequentemente os membros deste governo invisível nem sequer sabem quem são os outros membros. A propaganda, diz ele, é a única forma de evitar que a opinião pública desça ao caos dissonante. Isto é também o que Malaparte acredita. Bernays continuou a trabalhar sobre este tema após a guerra, publicando *Engineering Consent* em 1955, um título a que Edward Herman e Noam Chomsky aludiram quando publicaram o seu livro seminal *Manufacturing Consent*

---

[4] Ver *Instituto Tavistock de Relações Humanas - Moldando o declínio moral, espiritual, cultural, político e económico dos Estados Unidos da América*, por John Coleman, Omnia Veritas Limited, www.omnia-veritas.com.

em 1988.

A ligação a Freud é importante porque, como veremos mais tarde, a psicologia é um instrumento extremamente importante para influenciar a opinião pública. Dois dos colaboradores da *Engineering Consent* argumentam que qualquer líder deve jogar com as emoções humanas básicas a fim de manipular a opinião pública.

Por exemplo, Doris E. Fleischmann e Howard Walden Cutler escrevem:

> "Auto-preservação, ambição, orgulho, fome, amor à família e às crianças, patriotismo, imitação, desejo de ser um líder, amor ao jogo - estas e outras motivações são as matérias-primas psicológicas que cada líder deve considerar nos seus esforços para conquistar o público ao seu ponto de vista... Para manter a sua auto-confiança, a maioria das pessoas precisa de ter a certeza de que tudo o que acreditam sobre algo é verdade".

Foi isto que Willi Munzenberg compreendeu - a necessidade básica humana de acreditar no que se quer acreditar. Thomas Mann aludiu a isto quando atribuiu a ascensão de Hitler ao desejo colectivo do povo alemão de ter "um conto de fadas" em vez das feias verdades da realidade da derrota na Primeira Guerra Mundial, apesar de não ter sido derrotado no terreno. Outros trabalhos dignos de menção a este respeito não são tanto sobre propaganda electrónica moderna como sobre psicologia mais geral de multidões. Os clássicos a este respeito são Gustave Le Bon's *The Psychology of Crowds* (1895), Elias Canetti's *The Crowds and Power (Masse und Macht)* (1980), e Serge Chakhotin's *The Rape of the Crowds by Political Propaganda* (1939).

Todos estes livros se baseiam fortemente na psicologia e na antropologia. Há também o magnífico trabalho de um dos meus autores favoritos, o antropólogo René Girard, cujos escritos sobre a lógica da imitação (mimesis) e sobre actos colectivos de violência são excelentes instrumentos para compreender por que razão a opinião pública é tão facilmente motivada para apoiar a guerra e outras formas de violência política. Após a guerra, muitas das técnicas aperfeiçoadas pelo comunista Munzenberg foram adoptadas pelos americanos, como maravilhosamente documentado no excelente livro de Frances Stonor Saunders, *Who Paid the Piper*, publicado nos EUA como *The Cultural Cold War*.

Em grande detalhe, Stonor Saunders explica como, no início da Guerra Fria, os americanos e os britânicos lançaram uma vasta operação secreta para financiar intelectuais anticomunistas. O ponto-chave é que grande parte da sua atenção e actividade era dirigida aos esquerdistas, muitas vezes trotskistas que só tinham abandonado o seu apoio à União Soviética em 1939 quando Estaline assinou o seu pacto de não agressão com Hitler, e muitas vezes pessoas que tinham trabalhado anteriormente para Munzenberg. Muitas das personalidades que estavam neste momento entre o comunismo e a CIA no início da Guerra Fria eram futuros neoconservadores (bolcheviques), incluindo Irving Kristol, James Burnham, Sidney Hook e Lionel Trilling.

As origens esquerdistas e mesmo trotskistas do neoconservadorismo são bem conhecidas - embora eu continue espantado com novos detalhes que descubro, tais como o facto de Lionel e Diana Trilling terem sido casados por um rabino para quem Felix Dzerzhinsky (o fundador da polícia secreta bolchevique, o Cheka [precursor do KGB], e o equivalente comunista de Heinrich Himmler) representou um modelo de heroísmo.

Estas origens esquerdistas são particularmente relevantes para as operações encobertas mencionadas por Stonor Saunders, uma vez que o objectivo da CIA era precisamente influenciar os opositores de esquerda do comunismo, ou seja, os trotskistas. A opinião da CIA era simplesmente que os anti-comunistas de direita não precisavam de ser influenciados e muito menos de ser pagos. Stonor Saunders cita Michael Warner quando ela escreve:

> "Para a CIA, a estratégia de promover a esquerda não comunista era tornar-se 'o fundamento teórico das operações políticas da Agência contra o comunismo durante as duas

décadas seguintes'".

Esta estratégia foi delineada no livro de Arthur Schlesinger, *The Vital Center* (1949), que foi uma das pedras angulares do que viria a ser o movimento neo-Bolshevik:

> "O objectivo de apoiar grupos de esquerda não era destruir ou mesmo dominar, mas sim manter uma proximidade discreta com estes grupos e controlar o seu pensamento; fornecer-lhes um porta-voz para descarregar a sua raiva; e, in extremis, exercer um veto final sobre as suas acções, se se tornassem demasiado 'radicais'".

As formas como esta influência de esquerda é sentida são muitas e variadas. Os Estados Unidos estavam determinados a criar uma imagem progressiva para si próprios, em oposição à União Soviética "reaccionária". Por outras palavras, eles queriam fazer precisamente o que os soviéticos faziam. Na música, por exemplo, Nicholas Nabokov (o primo do autor de *Lolita*) foi um dos principais agentes do Congresso. Em 1954, a CIA financiou um festival de música em Roma no qual o amor 'autoritário' de Estaline por compositores como Rimsky-Korsakov e Tchaikovsky foi 'contrariado' pela música moderna pouco ortodoxa inspirada na música de doze tons de Schoenberg, mais tarde utilizada para promover os Beatles.

> "Para Nabokov, havia uma mensagem política clara a ser transmitida através da promoção de uma música que se anunciava como suprimindo as hierarquias naturais..."

O apoio a outros progressistas veio quando Jackson Pollock, ele próprio um antigo comunista, foi também promovido pela CIA. Os seus daubs deveriam representar a ideologia americana da "liberdade" contra o autoritarismo da pintura realista socialista.

(Esta aliança com os comunistas é anterior à Guerra Fria. O muralista comunista mexicano Diego Rivera foi apoiado por Abby Aldrich Rockefeller, mas a sua colaboração terminou abruptamente quando Rivera se recusou a retirar um retrato de Lenine de uma cena de multidão pintada nas paredes do Rockefeller Center em 1933).

Este cruzamento de cultura e política foi explicitamente promovido por um organismo da CIA com um nome orwelliano, o Conselho de Estratégia Psicológica. Em 1956, promoveu secretamente uma tournée europeia da Ópera Metropolitana, cujo objectivo político era o de encorajar o multiculturalismo. O drogado Fleischmann, o organizador, disse:

> "Nos Estados Unidos somos um caldeirão de culturas e, ao fazê-lo, demonstrámos que as pessoas se podem dar bem independentemente da raça, cor ou credo. Utilizando o "caldeirão cultural" ou alguma outra frase como tema, poderíamos usar o Met como exemplo de como os europeus se podem dar bem nos Estados Unidos e que, portanto, algum tipo de Federação Europeia é bastante viável. "

Este é exactamente o mesmo argumento utilizado, entre outros, por Ben Wattenberg, cujo livro *A Primeira Nação Universal* defende que a América tem um direito especial à hegemonia global porque encarna todas as nações e raças do mundo. A mesma opinião foi também expressa por Newt Gingrich e outros neoconservadores. Entre os outros temas promovidos, alguns estão na vanguarda do actual pensamento neo-Bolshevik. A primeira delas é a crença eminentemente liberal no universalismo moral e político. Hoje em dia, esta crença está no cerne da filosofia de política externa de George W. Bush; ele afirmou repetidamente que os valores políticos são os mesmos em todo o mundo e utilizou este pressuposto para justificar a intervenção militar dos EUA em apoio da "democracia".

No início da década de 1950, o director do PSB (o Psychological Strategy Board é rapidamente referido pelas suas iniciais, presumivelmente para esconder o seu verdadeiro nome), Raymond Allen, já tinha chegado a esta conclusão:

> "Os princípios e ideais consagrados na Declaração da Independência e na Constituição são para exportação e são património dos homens em toda a parte. Devemos apelar às necessidades básicas de todos os homens, que creio serem as mesmas para o agricultor no Kansas e para o agricultor no Punjab. "

Evidentemente, seria errado atribuir a difusão de ideias apenas à manipulação secreta. Encontram a sua força nas correntes culturais de grande escala, cujas causas são múltiplas. Mas não há dúvida de que o domínio destas ideias pode ser consideravelmente facilitado por operações encobertas, especialmente porque os habitantes das sociedades de informação de massas são curiosamente sugestionáveis.

Não só acreditam no que lêem nos jornais, como também pensam ter chegado a estas conclusões eles próprios. Assim, o truque para manipular a opinião pública reside precisamente no que Bernays teorizou, Munzenberg iniciou e a CIA elevou a uma forma de arte. Segundo o agente da CIA, Donald Jameson:

> "Em termos das atitudes que a Agência quis inspirar através destas actividades, é evidente que o que teria querido produzir eram pessoas que, pelo seu próprio raciocínio e convicção, estavam convencidas de que o que quer que o governo dos EUA fizesse estava certo. "

Por outras palavras, o que a CIA e outras agências norte-americanas estavam a fazer nessa altura era adoptar a estratégia que associamos ao marxista italiano Antonio Gramsci, que defendia que a "hegemonia cultural" era essencial para a revolução socialista.

Finalmente, existe uma enorme literatura sobre a técnica da desinformação. Já mencionei o importante facto, originalmente formulado por Chakotin, de que o papel dos jornalistas e dos media é essencial para assegurar a consistência da propaganda: *"A propaganda não pode tirar férias"*, escreve ele, *"formulando assim uma das regras chave da desinformação moderna, nomeadamente que a mensagem exigida deve ser repetida com muita frequência para que possa ser transmitida"*. Acima de tudo, Chakotin argumenta que as campanhas de propaganda devem ser dirigidas centralmente e altamente organizadas, o que se tornou a norma na era da rotação política moderna; os deputados trabalhistas britânicos, por exemplo, não são autorizados a falar com os meios de comunicação sem antes pedirem autorização ao director de comunicações do 10 Downing

Street.

Sefton Delmer foi simultaneamente praticante e teórico desta "propaganda negra". Delmer criou uma estação de rádio falsa, que transmitiu da Grã-Bretanha para a Alemanha durante a Segunda Guerra Mundial e criou o mito de que existiam "bons" alemães patrióticos que se opunham a Hitler. A ficção foi mantida pelo facto de a estação ser de facto uma estação subterrânea alemã, e de ter sido colocada em frequências próximas das das estações oficiais. Esta propaganda negra tornou-se parte do arsenal de spin do governo dos EUA; o *New York Times* revelou que o governo dos EUA produz relatórios pró-políticas, que são depois transmitidos nos canais normais e apresentados como se fossem os próprios relatórios da empresa de radiodifusão.

Existem muitos outros autores deste tipo, alguns dos quais já foram mencionados. Curzio Malaparte é o mais ignorado no Ocidente, em grande parte porque poucas pessoas o conhecem. Mas talvez o trabalho mais relevante para a discussão de hoje seja a *Subversão de* Roger Mucchielli, publicada em francês em 1971, que mostra como a desinformação deixou de ser uma táctica auxiliar de guerra para se tornar a táctica principal. A estratégia evoluiu tanto, diz ele, que o objectivo agora é conquistar um estado sem sequer o atacar fisicamente, em particular através da utilização de agentes de influência dentro dele.

Isto é essencialmente o que Robert Kaplan propôs e discutiu no seu ensaio para *The Atlantic Monthly* em Julho/Agosto de 2003: "Supremacy by Stealth".[5] Um dos teóricos mais sinistros da Nova Ordem Mundial e do império americano, Robert Kaplan defende explicitamente o uso do poder imoral e ilegal para promover o controlo dos EUA sobre o mundo inteiro. O seu ensaio discute o uso de operações encobertas, poder militar, truques sujos, propaganda negra, influência e controlo encobertos, formação de opinião e outras coisas como assassinato político, tudo sujeito ao

---

[5] "Supremacia através do furto".

seu apelo geral para "uma ética pagã", como meio de assegurar o domínio americano.

O outro ponto-chave sobre Mucchielli é que ele foi um dos primeiros teóricos da utilização de organizações não governamentais falsas - ou "organizações de fachada" como eram chamadas - para efectuar mudanças políticas internas noutro Estado. Tal como Malaparte e Trotsky, Mucchielli também compreendeu que não são as circunstâncias "objectivas" que determinam o sucesso ou o fracasso de uma revolução, mas sim a percepção criada dessas circunstâncias pela desinformação. Também compreendeu que as revoluções históricas, que invariavelmente se apresentavam como o produto de movimentos de massas, eram de facto o trabalho de um pequeno número de conspiradores altamente organizados.

De facto, novamente após Trotsky, Mucchielli salientou que a maioria silenciosa deve ser rigorosamente excluída da mecânica da mudança política, precisamente porque os golpes são obra de poucos e não de muitos.

A opinião pública é o 'fórum' no qual a subversão é exercida, e Mucchielli mostrou as várias formas pelas quais os meios de comunicação social podem ser utilizados para criar uma psicose colectiva. Os factores psicológicos são extremamente importantes a este respeito, diz ele, especialmente na prossecução de estratégias importantes como a desmoralização de uma sociedade. O inimigo deve ser obrigado a perder a confiança na força da sua própria causa, enquanto tudo deve ser feito para o convencer de que o seu adversário é invencível.

Capítulo 7

O papel do exército

Um último ponto histórico antes de passar à segunda parte, uma discussão sobre o presente, é o papel dos militares na condução de operações encobertas e na influência da mudança política. É um papel que alguns analistas contemporâneos têm o prazer de admitir que está a ser destacado hoje em dia: Robert Kaplan escreve aprovando a forma como o exército dos EUA é, e deve ser, utilizado para "promover a democracia". Kaplan argumenta que um telefonema de um general dos EUA é frequentemente uma melhor forma de promover mudanças políticas num país terceiro do que um telefonema do embaixador local dos EUA. E cita com aprovação as palavras de um oficial de operações especiais do exército:

> "Quem quer que seja o Presidente do Quénia, o mesmo grupo de homens dirige as suas forças especiais e os guarda-costas do Presidente. Nós treinámo-los. Isto traduz-se numa alavancagem diplomática. "

O contexto histórico desta situação foi recentemente discutido pelo académico suíço Daniele Glaser no seu livro *NATO's Secret Armies (Exércitos Secretos da OTAN)*.

O seu relato começa com a admissão por Giulio Andreotti, então Primeiro Ministro italiano, a 3 de Agosto de 1990, de que existia um exército secreto no seu país desde o final da Segunda Guerra Mundial, conhecido como "Gladio", que tinha sido criado pela CIA e pelo MI6 e que era coordenado pela secção "guerra não ortodoxa" da NATO.

Também aqui, os escritos de Curzio Malaparte são negligenciados no Ocidente. Glaser confirma assim um dos rumores mais antigos da Itália do pós-guerra. Muitas pessoas, incluindo juízes investigadores, suspeitavam há muito que Gladio não era apenas o partido de uma rede de exércitos secretos criada pelos americanos em toda a Europa Ocidental para lutar em resistência a uma suposta ocupação soviética, mas também que estas redes tinham começado a influenciar o resultado das eleições, chegando mesmo a formar alianças sinistras com organizações terroristas. A Itália era um alvo particular, uma vez que o Partido Comunista era lá muito forte.

Originalmente, este exército secreto foi construído para se proteger contra a possibilidade de invasão. Mas parece ter mudado rapidamente para operações encobertas para influenciar o próprio processo político, na ausência de uma invasão. Há amplas provas de que os americanos interferiram de facto em grande escala, especialmente nas eleições italianas, para impedir o PCI de tomar o poder. Dezenas de biliões de dólares foram pagos pelos Estados Unidos aos democratas cristãos italianos por esta mesma razão.

Glaser alega mesmo que existem provas de que as células Gladio levaram a cabo ataques terroristas para culpar os comunistas e para assustar a população, exigindo poderes estatais adicionais para os "proteger" do terrorismo. Glaser cita o homem condenado por ter plantado uma destas bombas, Vincenzo Vinciguerra, que explicou devidamente a natureza da rede da qual era soldado raso.

Ele disse que isto fazia parte de uma estratégia para *"desestabilizar a fim de estabilizar"*.

> *"Era necessário atacar civis, pessoas, mulheres, crianças, pessoas inocentes, pessoas desconhecidas longe de qualquer jogo político. A razão era muito simples. Era para forçar estas pessoas, o público italiano, a recorrer ao Estado para pedir mais segurança. Esta é a lógica política por detrás de todos os massacres e ataques que ficam impunes, porque o Estado não pode condenar-se a si próprio ou declarar-se responsável pelo que aconteceu. "*

A ligação com as teorias da conspiração em torno do 11 de

Setembro é óbvia. Glaser apresenta uma riqueza de provas sólidas de que foi isto que Gladio fez, e os seus argumentos realçam a intrigante possibilidade de uma aliança com grupos de extrema-esquerda como as Brigadas Vermelhas. Afinal, quando Aldo Moro foi raptado e depois assassinado pouco depois, estava fisicamente a caminho do parlamento italiano para apresentar um programa para um governo de coligação entre os socialistas e os comunistas - precisamente o que os americanos estavam determinados a evitar.

A nova fase da Nova Ordem Mundial foi chamada "um período para além da conspiração", na medida em que os gestores da Nova Ordem Mundial estão tão encorajados pelos seus últimos sucessos, que não se importam que os seus planos se tenham tornado bastante transparentes. Uma das formas mais notáveis de determinar a fase "para além da conspiração" é procurar documentos que abranjam uma nova política dos gestores da Nova Ordem Mundial; a criação de revoluções (na realidade golpes) em vez de montar invasões armadas de países visados. Mais uma vez, os escritos de Curzio Malaparte parecem estar na raiz de tudo.

Aparentemente, o fracasso da guerra no Vietname, e a invasão do Iraque pelos militares americanos em 1991 e novamente em 2002 convenceram o Comité dos 300 que um golpe de Estado é preferível a um conflito militar no terreno. Isto não exclui o bombardeamento aéreo, mas também foi estabelecido que o bombardeamento por si só não será suficiente para ultrapassar a ordem existente dos países visados, a menos que seja à escala do bombardeamento maciço da Alemanha em 1944-1945.

As sucessivas 'revoluções' em todo o mundo devem ser vistas a esta luz. A nova política de "para além da conspiração" foi lançada com seriedade em Novembro de 2003, quando o Presidente da Geórgia, Edward Shevardnadze, foi derrubado na sequência de manifestações, marchas e alegações de que as eleições parlamentares tinham sido manipuladas, alegações que foram amplamente divulgadas nos meios de comunicação ocidentais, embora nunca tenha sido produzida qualquer prova credível para substanciar a fraude eleitoral.

Um ano mais tarde, em Novembro de 2004, a chamada "Revolução Laranja" foi montada na Ucrânia com as mesmas acusações de fraude eleitoral generalizada que dividiram o país. A Ucrânia tem uma grande população pró-russa e a fraude eleitoral não teria sido necessária para manter os laços históricos da Ucrânia com a Rússia, mas os acontecimentos de 2004 - um golpe virtual - colocaram o país no bom caminho para se tornar membro permanente da OTAN e da UE.

A sobrevivência do mito da revolução espontânea do povo é deprimente, pois mesmo um exame superficial dos factos encontrados em declarações escritas e várias publicações mostram que é mais do que um mito, ouso dizer, uma mentira descarada. Certamente, as organizações baseadas nos EUA por detrás da chamada "Revolução Laranja", inspiradas em grande parte pelas ideias de Malaparte, apoiadas por dinheiro ilimitado de Washington, e pela cooperação mais do que voluntária dos meios de comunicação ocidentais e da CIA, estavam erradas ao dizer que eram necessárias condições prévias para que uma revolução tivesse lugar. Para Malaparte, tal como para Trotsky, a mudança de regime poderia ser promovida em qualquer país, incluindo as democracias estáveis da Europa Ocidental, desde que houvesse um grupo de homens suficientemente determinado para o conseguir.

Para a CIA, a estratégia de promoção da esquerda não comunista era tornar-se "o fundamento teórico das operações políticas da Agência contra o comunismo durante as duas décadas seguintes".

Esta estratégia foi delineada em Arthur Schlesinger's *The Vital Center* (1949), um livro que representa uma das pedras angulares do que viria a ser o movimento neoconservador. Stonor Saunders escreve:

> "O objectivo de apoiar grupos de esquerda não era destruir ou mesmo dominar, mas sim manter uma proximidade discreta com estes grupos e controlar o seu pensamento; fornecer-lhes um porta-voz para descarregar a sua raiva; e, in extremis,

exercer um veto final sobre as suas acções, se se tornassem demasiado 'radicais'".

A influência da esquerda é sentida de várias maneiras. Os Estados Unidos estavam determinados a forjar uma imagem progressista, em oposição à União Soviética "reaccionária". Mas talvez o mais relevante para o debate de hoje seja o livro de Roger Mucchielli *Subversion*, publicado em francês em 1971, que mostra como a desinformação foi transformada de uma táctica auxiliar de guerra para uma táctica primária.

A estratégia evoluiu tanto, diz ele, que o objectivo agora é conquistar um estado sem sequer atacá-lo fisicamente, especialmente através da utilização de agentes de influência dentro dele. Isto é essencialmente o que Robert Kaplan propôs e discutiu no seu ensaio para *The Atlantic Monthly* em Julho/Agosto de 2003, "Supremacy by Stealth".

Um dos teóricos mais sinistros da Nova Ordem Mundial e do império americano, Robert Kaplan, defende explicitamente o uso do poder imoral e ilegal para promover o controlo dos EUA sobre o mundo inteiro. O seu ensaio discute o uso de operações encobertas, poder militar, truques sujos, propaganda negra, influência e controlo encobertos, formação de opinião e outras coisas como assassinato político, tudo sujeito ao seu apelo geral para uma "ética pagã", como meio de perpetuar a hegemonia americana.

Capítulo 8

A vergonha do Iraque

A erosão da integridade e viabilidade de um país alvo tem sido sempre um objectivo consciente do projecto colonial ocidental. Criar instabilidade e insatisfação com a realidade existente era uma condição prévia necessária para "domesticar" e depois integrar os povos indígenas no modelo hierárquico dominante. Hoje, é claro, é-nos dito que o colonialismo pertence ao passado. As grandes nações da comunidade internacional já não procuram escravizar os seus vizinhos menos afortunados, mas sim prosseguir políticas de benevolência global - dentro dos limites impostos pela sã concorrência, é claro. Não nos é dito quando esta conversão milagrosa teve lugar, mas talvez tenha acontecido gradualmente, em paralelo com o fosso crescente entre os ricos e os pobres do mundo. Em qualquer caso, basta um olhar sobre o estado do mundo muçulmano para quebrar esta ilusão tola.

À medida que a sociedade iraquiana se afunda cada vez mais no caos, comediantes e comentadores de todos os tipos têm feito muito da suposta incompetência e estupidez dos nossos líderes. Mas como o *Espectador Canadiano* sugeriu recentemente, se os Estados Unidos não fossem liderados por palhaços, seria uma coisa boa,

> "a conclusão é que o caos, o empobrecimento e a guerra civil no mundo muçulmano... longe de serem consequências involuntárias, são precisamente os objectivos da política dos EUA."

A razão do actual estado de coisas é que, como acabo de dizer, o Comité dos 300 emergiu da sombra da conspiração global a partir da qual sempre operou, para emergir ao ar livre, para além da conspiração. Já não há qualquer pretensão; uma Nova Ordem

Mundial dentro de um Governo Mundial Único é o objectivo abertamente declarado. Tal como no 11 de Setembro, o evento desencadeador da guerra contra o terrorismo, a incompetência é a explicação preferida para o cenário de pesadelo no Iraque de hoje. Embora contra-intuitivo para as populações domesticadas do Ocidente, um plano para fragmentar deliberadamente o Iraque segundo linhas étnicas é amplamente confirmado pelos documentos publicados. Ressuscitando antigos planos sionistas, o Conselho das Relações Exteriores dos EUA apelou recentemente à dissolução do "Estado iraquiano não natural". Devido à sua diversidade étnica, diz-se que o Iraque é uma construção falsa e artificial, um produto de decisões coloniais arbitrárias no início do século XX . Este julgamento poderia ser aplicado a muitos países do mundo, mas o tema é entusiasticamente adoptado por muitos "especialistas" que nunca sonhariam em questionar a soberania do Estado no Quebeque, no País Basco ou na Irlanda do Norte. Tipicamente, o analista político neo-Bolshevique Michael Klare chamou recentemente ao Iraque um país "inventado":

> "... Para facilitar a sua exploração petrolífera na região, os britânicos criaram o fictício "Reino do Iraque", repatriando três províncias do antigo Império Otomano. ... e paraquedando num falso rei do que mais tarde se tornaria a Arábia Saudita. "

Aceitando a justificação falsa da administração Bush para a invasão, Klare atribuiu a resistência sunita ao desejo de uma maior quota-parte das receitas petrolíferas na futura divisão do país. A ideia de que a resistência vai além dos "sunitas" ou pode ser motivada pelo nacionalismo iraquiano ou pela necessidade de autodeterminação está ausente. Em última análise, a facilidade com que os académicos ocidentais decidem casualmente remodelar os países da sua escolha deve-se à continuidade do legado do Comité de 300.

No estilo clássico do século XIX , as cabeças falantes sugerem que o Iraque, apesar da sua história de cinco mil anos, é agora incapaz de se gerir si próprio e que o seu destino deve, portanto, ser decidido por potências externas. Um país que resistiu a seis semanas da mais intensa campanha de bombardeamentos da história em 1991 (que, segundo a ONU, deixou o Iraque numa "era pré-industrial") e continuou a sobreviver 12 anos das mais brutais e devastadoras sanções jamais impostas a uma nação, é agora alegremente remetido para a história pelos chamados peritos ocidentais. Para apoiar a sua tese, o mito dos antigos ódios sectários, alimentado pelos gângsteres da "intervenção humanitária", é diariamente divulgado por jornalistas que não questionam a origem dos ataques "sectários" e não relatam as opiniões dos iraquianos comuns (que culpam o exército de ocupação e o seu governo fantoche pelo caos orquestrado).

Os preparativos para a ocupação do Iraque começaram quase imediatamente após o primeiro assalto em 1991. Além disso, com este ataque ilícito chamado "Tempestade do Deserto" não sancionado pela Constituição dos EUA e não encontrando autoridade na *Lei das Nações* de Emmerich Vattel, *a* "Bíblia" na qual a Constituição dos EUA se baseia em grande parte, os Estados Unidos caíram do precipício num desfiladeiro de barbárie que rivaliza com qualquer coisa vista na Idade Média, ou mesmo mais tarde na invasão mongol da Europa.

"A Tempestade do Deserto foi o pior tipo de banditismo sem lei, pelo qual os Estados Unidos estão destinados a pagar um preço elevado. Com a imposição arbitrária de zonas de interdição de voo no norte e sul do país a mando exclusivo de George Bush Sr., em flagrante violação do direito internacional e da Constituição dos EUA, e com a profana aquiescência dos meios de comunicação social ocidentais que já dividiam o país em três regiões mutuamente antagónicas, preparava-se o cenário para uma das piores atrocidades que se abateu sobre um país da história antiga e moderna.

A primeira indicação do que estava para vir foi o saque organizado de museus (170.000 artigos perdidos) e a queima de bibliotecas após a queda do governo de Saddam Hussein em 2003. Mais tarde, quando o primeiro chefe das forças de ocupação, o General Jay Garner, recomendou a manutenção do exército iraquiano e a criação de um governo de coligação, o

Secretário da Defesa Rumsfeld retirou-o do seu posto. O seu sucessor, Paul Bremer, desmantelou depois o exército e outras instituições nacionais chave, enquanto "perdia" cerca de 9 mil milhões de dólares em receitas petrolíferas iraquianas no processo.

O exército fantoche reconstituído era constituído quase exclusivamente por membros das comunidades curda e xiita. Entretanto, assassinos sem nome começaram a atingir a comunidade académica iraquiana, acabando por provocar uma enorme "fuga de cérebros" do país e enfraquecendo ainda mais a capacidade de recuperação do país. À medida que grupos armados da oposição se tornaram activos no país, seguiu-se uma série de acontecimentos que marcaram as operações encobertas destinadas a alimentar o conflito sectário e a manchar a Resistência Iraquiana. Segue-se um breve resumo dos incidentes mais suspeitos.

Quando um camião-bomba atravessou a sede da ONU durante quatro meses, matando o enviado especial Sergio Vieira de Mello e outros 19, o pró-consul Bremer sugeriu dois possíveis culpados: "Saddam lealistas ou insurrectos estrangeiros. Ahmed Chalabi do governo provisório, no entanto, tinha sido avisado do ataque na semana anterior. Chalabi tinha sido avisado que um "alvo fácil" seria atacado, mas que não seria "nem a Autoridade da Coligação nem as tropas da Coligação". Mas a ONU, cuja segurança tinha sido retirada naquele dia, nunca foi avisada.

Em Novembro de 2003, quando a campanha de guerrilha infligiu pesadas perdas às forças dos EUA, os meios de comunicação social e a autoridade governamental interina começaram a envolver-se em lavagens cerebrais sectárias. Após semanas de alarmismo sobre uma guerra civil, explosões coordenadas mataram 143 civis xiitas em Kerbala e Bagdad. A culpa é da Al Qaeda", mas o jornalista Robert Fisk faz a pergunta óbvia: *"Se um grupo sunita violento quisesse expulsar os americanos do Iraque... porque quereriam eles virar a população xiita... 60 por cento dos iraquianos, contra eles?* "Não foi dada qualquer resposta, e os ataques sem sentido aumentaram.

No início de Fevereiro de 2004, as autoridades norte-americanas afirmaram ter interceptado uma mensagem do Iraque a pedir ajuda à "Al-Qaeda" para fomentar a guerra civil. Quase imediatamente, como se para sublinhar a mensagem, uma explosão matou 50 xiitas na pequena cidade de Iskandariya. "Os terroristas estão a suscitar receios de guerra civil", relatou *The Independent*, contradizendo os residentes da cidade que, sem excepção, atribuíram a explosão a um ataque aéreo dos EUA. "Ouviram um helicóptero sobrevoar e a explosão de um míssil pouco antes da explosão.

A própria explosão deixou uma cratera de um metro e meio de profundidade, mais consistente com um míssil do que um carro-bomba.

Tal como na organização-mãe, nada sobre este grupo soa verdadeiro. Até 2004, a Al Qaeda, uma organização exclusivamente sunita, nunca tinha proferido uma palavra contra os xiitas. Mas à medida que a campanha de resistência iraquiana ganhava um impulso irresistível, o aparentemente falecido militante jordano Abu Musab Zarqawi reapareceu subitamente. Apelando à guerra contra a comunidade xiita "infiel", liderou então uma campanha paralela caracterizada mais por ataques gratuitos contra civis do que pela expulsão dos EUA do Iraque.

Nos anos seguintes, sempre que os EUA lançavam ataques maciços no Iraque, Zarqawi era convenientemente "descoberto" como estando escondido. O assalto de Novembro de 2004 a Fallujah foi conduzido com fósforo branco e deixou pelo menos 6.000 mortos sob as ruínas, mas a vigilância dos EUA foi tão apertada que Zarqawi, com a sua única perna de pau, foi aparentemente observado a fugir no primeiro dia! Entre os iraquianos, o versátil Zarqawi foi visto como uma espécie de ADM móvel capaz de aparecer onde quer que fosse necessário. A sua história permaneceu inacreditável até ao fim, com fotografias publicadas mostrando o corpo ligeiramente ferido de um homem morto por uma bomba de 5001b. A verdade é certamente mais estranha do que a ficção quando se trata da multiplicidade de situações fabricadas que ocorrem no Iraque numa base quase diária.

Em Abril de 2004, o jogo estava bem e verdadeiramente em andamento. Fallujah tornou-se a primeira grande cidade a ficar sob o controlo aberto da Resistência. Simultaneamente, a repressão dos EUA provocou uma revolta do exército xiita Mehdi e os EUA viram-se a travar uma guerra em duas frentes. Seguiram-se manifestações maciças de solidariedade inter-religiosa: a 9 de Abril, 200.000 sunitas e xiitas reuniram-se para orações colectivas na maior mesquita sunita de Bagdade, onde o principal pregador zombou da possibilidade de guerra civil como pretexto dos EUA para prolongar a ocupação.

Os Estados Unidos enfrentaram um coro de protestos em todo o mundo quando atacaram Fallujah do ar numa tentativa desesperada de retomar a cidade. Depois foram divulgadas à imprensa fotografias de tortura sistemática no centro de detenção de Abu Ghraib, pondo fim à pouca credibilidade que os EUA mantiveram na opinião mundial. Contudo, para desviar a atenção desta publicidade negativa, grupos militantes até então desconhecidos começaram a raptar cidadãos estrangeiros e a transmitir vídeos horríveis em que as vítimas de rapto eram frequentemente decapitadas à câmara quando as exigências dos raptores não eram satisfeitas.

A primeira vítima foi o homem de negócios Nick Berg, numa alegada "represália" em Abu Ghraib. Este assassinato, alegadamente o trabalho de Al Zarqawi, foi examinado quando os media independentes questionaram a veracidade do vídeo de execução. Ficou estabelecido que o vídeo tinha sido carregado pela primeira vez na Internet a partir de Londres, e após o exame das filmagens por um cientista forense mexicano, muitos observadores concordaram que o homem mostrado no filme já era um cadáver quando foi decapitado.

Margaret Hassan, uma trabalhadora humanitária anglo-irlandesa, viveu no Iraque durante 30 anos e dedicou a sua vida ao bem-estar dos iraquianos necessitados, lutando incansavelmente contra as sanções da ONU e opondo-se à invasão anglo-americana. Assim, quando ela foi raptada a caminho do trabalho no Outono de 2004, os iraquianos ficaram incrédulos. Foram lançadas campanhas de informação espontânea e um cartaz mostrando Hassan segurando uma criança iraquiana doente apareceu em painéis publicitários na capital. "Margaret Hassan é verdadeiramente uma filha do Iraque", lê-se no texto. Pacientes nos hospitais iraquianos saíram à rua para protestar contra os sequestradores, e grupos proeminentes da resistência, incluindo o fantasma Zarqawi, apelaram à sua libertação.

Os seus captores não fizeram quaisquer exigências específicas, mas no vídeo de cativeiro Hassan apelou para a retirada das tropas britânicas. Em casos anteriores, os grupos tinham-se identificado e utilizado os vídeos para fazer as suas exigências. Mas o rapto de Margaret Hassan foi diferente desde o início. Este grupo não utilizou nenhum nome específico e nenhum banner ou bandeira para se identificar. Os seus vídeos não apresentavam os habituais pistoleiros encapuzados ou recitações do Alcorão. Outras mulheres raptadas foram libertadas "quando os seus captores reconheceram a sua inocência". Mas não no caso de Hassan, embora ela falasse árabe fluente e pudesse explicar o seu trabalho aos seus captores na sua própria língua. Um vídeo que pretendia mostrar a sua execução em breve apareceu e um iraquiano, Mustafa Salman al-Jubouri, foi posteriormente condenado a prisão perpétua por um tribunal de Bagdade por ter ajudado e sido cúmplice dos raptores. Até à data, nenhum grupo reivindicou a responsabilidade pelo acto.

Muito depois de pilhas de cadáveres terem começado a aparecer à beira da estrada, vítimas de assassinos anónimos, a revista *Newsweek* noticiou um plano do Pentágono para utilizar esquadrões da morte para eliminar os combatentes da resistência iraquiana e os seus apoiantes. A "opção Salvador", cujo nome vem de uma campanha semelhante na América Central nos anos 80, foi confirmada por relatórios subsequentes do envolvimento do Ministério do Interior nos crescentes esquadrões da morte. À medida que as vítimas eram montadas, os meios de comunicação social corporativos filtraram a história através das lentes dos fanáticos sunitas que visavam civis xiitas inocentes. Mas os factos contaram uma história diferente. De acordo com um relatório do Centro de Estudos Estratégicos e Internacionais, a maior parte dos ataques de resistência (75%) foram dirigidos a forças de coligação, ultrapassando de longe qualquer outra categoria no seu estudo (com ataques categorizados por quantidade, tipo de alvo e número de mortos e feridos). Ao contrário da imagem mediática, os alvos civis representam apenas 4,1% dos ataques. Após 300.000 xiitas em Bagdade terem encenado as maiores manifestações populares desde 1958, Junaid Alam interrogava-se:

> "Teria um número tão elevado de xiitas saído para protestar contra a ocupação se pensassem que a maior parte da resistência armada sunita, também contrária à ocupação, estava a tentar matá-los?"

O ano de 2005 assistiu a um aumento dramático na utilização de carros-bomba, muitas vezes contra alvos civis inocentes. Embora se acredite que a rede Zarqawi não tenha mais do que mil homens no Iraque, aparentemente tem um fornecimento inesgotável de pessoal disposto a sacrificar as suas vidas pela guerra santa. Outros relatos, no entanto, sugerem uma explicação diferente.

Em Maio de 2005, Imad Khadduri, um exilado iraquiano, relatou como um motorista cuja carta de condução tinha sido confiscada em Bagdade foi interrogado durante meia hora num campo militar dos EUA, disse que não estavam a ser apresentadas acusações contra ele, e depois dirigiu-se à esquadra de polícia de al-Khadimiya para obter a sua carta de condução de volta.

O condutor partiu com pressa, mas logo teve a impressão de que o seu carro transportava uma carga pesada, e também desconfiou de um helicóptero de baixa altitude que continuava a pairar sobre ele, como se o seguisse. Parou o carro e descobriu quase 100 quilos de explosivos escondidos no banco de trás. A única explicação possível para este incidente é que o carro foi de facto armadilhado pelos americanos e destinado ao bairro xiita de al-Khadimiya em Bagdad. O helicóptero estava a monitorizar os seus movimentos e a testemunhar o planeado "ataque hediondo de elementos estrangeiros".

(Segundo Khadurri, o cenário repetiu-se em Mosul, quando o carro de um condutor se avariou a caminho da esquadra da polícia onde tinha sido enviado para recolher a sua licença. Depois virou-se para descobrir que a roda sobresselente estava carregada com explosivos).

No mesmo mês, Haj Haidar, um agricultor de 64 anos, que transportava a sua carga de tomates de Hilla para Bagdade, foi detido num posto de controlo dos EUA e a sua pick-up foi revistada de cima para baixo. Permitido continuar, o seu neto de 11 anos disse-lhe que tinha visto um dos soldados norte-americanos colocar um objecto cinzento do tamanho de um melão no meio dos recipientes de tomate.

Percebendo que o veículo era o seu único meio de trabalho, Haidar resistiu ao seu impulso inicial de correr e removeu o objecto do seu camião, colocando-o numa vala próxima. Mais tarde, ficaria a saber que o objecto tinha de facto explodido, matando parte do rebanho de ovelhas de um pastor de passagem.

Nesta altura, o lendário jornalista iraquiano "Riverbend" escreveu que muitos dos chamados atentados suicidas à bomba eram de facto carros-bomba ou bombas-relógio que partiam à distância. Contou como um homem foi preso por alegadamente ter disparado contra uma guarda nacional após as enormes explosões na zona ocidental de Bagdade. Mas de acordo com os vizinhos do homem, longe de disparar contra alguém, ele tinha visto:

> ... uma patrulha americana passando pela área e parando no local da bomba minutos antes da explosão. Pouco depois de terem partido, a bomba explodiu e o caos instalou-se. Fugiu de casa a gritar aos vizinhos e transeuntes que os americanos ou tinham plantado a bomba ou visto a bomba e nada tinham feito. Foi rapidamente levado embora.

A 19 de Setembro de 2005, em Basra, agentes suspeitos da polícia iraquiana detiveram soldados britânicos com roupas civis numa Toyota Cressida. Os dois homens abriram então fogo, matando um polícia e ferindo outro. Eventualmente capturados, foram identificados pela BBC como membros das forças especiais de elite da SAS. Os soldados estavam a usar perucas e vestidos como árabes, e o seu carro estava cheio de explosivos e equipamento de reboque. Fattah al-Shaykh, membro da Assembleia Nacional Iraquiana, disse à Al-Jazeera que o carro deveria explodir no centro do popular mercado de Basra. Mas antes que a sua teoria pudesse ser confirmada, os tanques do exército britânico achataram a cela prisional local e libertaram os seus sinistros agentes. Os planos para orquestrar o caos sectário tornaram-se mais evidentes no terceiro ano da ocupação. Num incidente, a polícia de Bagdade informou os comandantes do exército Shia Mehdi de que homens armados perto da aldeia de Madain tinham 150 civis xiitas como reféns.

Quando as milícias enviaram combatentes para a área para negociar a sua libertação, ficaram debaixo de fogo, perdendo pelo menos 25 homens. "Penso que foi uma armadilha; o tiroteio foi demasiado pesado", disse o assessor da milícia Mehdi, acrescentando que os atacantes usaram franco-atiradores e metralhadoras pesadas. Os residentes da cidade desconheciam a alegada tomada de reféns e nunca foram descobertos reféns no local. Embora a implacável lavagem cerebral sectária tenha tido um efeito evidente, os iraquianos continuaram a rejeitar a ideia de uma guerra civil.

No entanto, após a destruição da Mesquita de Ouro em Samarra, a escala da matança no Iraque aumentou dramaticamente. Os responsáveis por este ataque crítico usavam uniformes da Guarda Nacional Iraquiana, de acordo com os guardas da mesquita. A Guarda Nacional Iraquiana conjunta e as forças americanas, que patrulharam a área durante todo o tempo, testemunharam um ataque das milícias a uma mesquita sunita como parte de uma "resposta" pré-planejada. '

A resposta da maioria dos iraquianos comuns, porém, foi muito diferente, de acordo com Sami Ramadani:

> *Nenhuma das marchas de protesto mais espontâneas foi dirigida a mesquitas sunitas. Perto do santuário bombardeado, os sunitas locais juntaram-se à minoria xiita da cidade para denunciar a ocupação e acusá-la de partilhar*

a responsabilidade pelo ultraje. Em Kut, uma marcha liderada pelo exército Mahdi de Sadr queimou bandeiras americanas e israelitas. Na zona de Sadr City de Bagdad, a marcha contra a ocupação foi maciça.

Os meios de comunicação social ocidentais, contudo, poderiam agora aproveitar-se de cada incidente como prova de uma desintegração social irreparável. O colunista Daniel Pipes observou com aprovação que os conflitos sectários reduziriam os ataques às forças norte-americanas à medida que os iraquianos lutavam entre si. Os seus comentários foram depois repetidos na Fox News com legendas no ecrã que diziam: "O lado positivo da guerra civil" e "All-out civil war in Iraq: Is it a good thing? "

A chave para justificar o horrível assalto colonial ao Iraque foi a fabricação implacável de propaganda. Embora não seja provável, deve haver alguém na administração Bush que tenha estudado Curzio Malaparte.

O playmaker Thomas Freidman tinha comparado o Iraque de Saddam a um Alabama etnicamente segregado na altura do linchamento. Os xiitas e os curdos eram considerados sub-humanos.

Embora o ministro da Saúde seja curdo e o governo tenha tido dois primeiros-ministros xiitas (Sadoun Humadi e Mohammed Al-Zubaidi), o facto de o vice-presidente ser cristão nunca perturbou a "análise" de Freidman. De facto, os iraquianos raramente fizeram perguntas sobre a religião ou etnia dos líderes e funcionários perante os quais eram responsáveis. Não se tratava simplesmente de uma questão que os preocupasse.

Entretanto, para a brigada de "direitos humanos", propagandistas como o Johann Hari do *The Independent* estavam a construir uma caricatura bidimensional de um país no qual um regime infernal assassinava 70.000 dos seus próprios cidadãos todos os anos (sem que ninguém reparasse realmente). No entanto, apesar dos crimes admitidos pelo governo Baath, um visitante podia andar por Bagdade nos anos 90 sem se deparar com tanques, carros-bomba, raptos, ataques aéreos, falta de combustível, cortes de energia e vastos gulags de detenção. E qualquer que seja a escala dos crimes de Saddam, eles empalidecem em comparação com os das forças de ocupação dos EUA.

Saddam não pretendia desmantelar o governo, o exército, as instituições civis, saquear museus e matar professores e intelectuais, limpar etnicamente cristãos e sunitas e incitar à violência inter-sectorial. Saddam não pretendia aumentar a subnutrição, reduzir o fluxo de água potável, cortar a electricidade, remover a rede de segurança social, aumentar a pobreza e o desemprego ou colocar os iraquianos uns contra os outros numa luta viciosa pela sobrevivência.

Saddam não fez jus à teoria neo-conservadora da "destruição criativa", que mergulhou deliberadamente uma nação inteira no caos, destruindo o tecido da sociedade iraquiana e deixando o povo refugiar-se nas milícias para se proteger. A verdade é que o pico próximo da produção global de petróleo ameaça enfraquecer fatalmente o bloco de poder dos EUA.

Portanto, o Iraque de Saddam, um estado independente e rico em petróleo na região estrategicamente mais importante do planeta, não podia ser autorizado a sobreviver. Mas a resistência intratável à ocupação forçou os EUA a recorrer ao seu plano de contingência (oficialmente, é claro, não tinha nenhum). Neste plano, algo semelhante à balcanização tripartida do país proposta por Oded Yinon está a ser trabalhado. Os Estados independentes existentes devem ser desmantelados e substituídos por um conjunto de protectorados fracos e dóceis.

As especificidades podem ser muito diferentes, mas o desmembramento engendrado da Jugoslávia serve certamente de modelo para este desmembramento.

> Nos anos 90", escreve Diana Johnston, "a comunidade internacional liderada pelos EUA já não estava interessada na construção do Estado. A desconstrução do Estado-nação era mais compatível com medidas de globalização económica".

Para este fim, tanto no Iraque como na Jugoslávia, os EUA aliaram-se com "divisores de estado" e fanáticos sectários, ao mesmo tempo que reivindicam publicamente a defesa da soberania nacional. Em caso de mal-entendido, os ideólogos neo-bolcheviques deixaram claro: as tensões sectárias "naturais", dizem, surgirão inevitavelmente na ausência de um estado repressivo para as controlar. Por conseguinte, sob a sua benevolente orientação, o Iraque deve ser autorizado a decompor-se nas suas componentes étnicas.

Após o bombardeamento do Iraque em 1991 e o anúncio por George Bush senior de uma "nova ordem mundial" da hegemonia americana, os fóruns de política externa proclamaram efectivamente a obsolescência do Estado-nação. De facto, a imposição global do modelo ocidental de desenvolvimento após a Segunda Guerra Mundial já tinha posto fim à tradicional independência do Estado. A 'nova' ideologia era simplesmente o reconhecimento dos factos no terreno. Após o colapso da União Soviética, os famosos defensores da ideologia anti-estatal previam a abordagem do "fim da história", que veria todos os povos do mundo integrados num modo de vida global, urbano, capitalista e consumista.

Desta forma, a "diversidade caótica de culturas, valores e crenças que estão por detrás dos conflitos do passado" seria suprimida num processo geral de homogeneização política e cultural. Ainda é demasiado cedo para prever o fim desta visão ilusória, mas em todo o mundo as pessoas estão a optar por forjar o seu próprio futuro, cada vez mais surdas aos conselhos das super-elites. No Iraque, a consciência global é mais forte do que em qualquer outro lugar.

Assim, a eclosão prevista de um conflito sectário completo não se concretizou. medida que a resistência armada intensifica a sua luta contra os EUA e enfrenta abertamente os terroristas jihadistas de Salafi, um pingente tornou-se extremamente popular entre os iraquianos. É visto nas ruas e na televisão, com as apresentadoras a usá-lo enquanto lêem as notícias. O pingente tem a forma do Iraque.

Quando os canais de televisão mostraram adolescentes empunhando Kalashnikovs contra o exército mais poderoso do mundo em Fallujah, as imagens sugeriam uma luta da maior importância. Mas ao lado da resistência armada, jornalistas, intelectuais, sindicalistas e iraquianos de todos os quadrantes estão a confrontar o poder militar-industrial no seu próprio terreno.

Capítulo 9

Plano de guerra para além da conspiração

Como em todas as chamadas "situações de crise", a "crise" nasceu de uma situação forjada. O afundamento do Lusitânia, o ataque japonês a Pearl Harbor e os alegados ataques de torpedos à frota americana no Golfo de Tonkin, que permitiram ao Presidente Johnson enviar forças americanas para o Vietname, são exemplos perfeitos. Espero ter demonstrado que o ataque não provocado à Jugoslávia foi uma continuação destas situações fabricadas, tal como o ataque de 2001 ao Iraque, sob o pretexto de que possuía "armas de destruição maciça" imaginárias. Não consigo pensar em melhor maneira de dizer a verdade sobre o que aconteceu no período que antecedeu a guerra ordenada por Clinton contra a Jugoslávia do que a partir da boca do falecido Presidente Milosevic.

Em primeiro lugar, no que diz respeito ao falecido Presidente Milosevic, as descrições na imprensa ocidental estavam fora do comum: inteligente, calmo e digno, um homem que sabia quem ele era e não precisava de se publicitar.

Ao contrário de Albright, cujo pai foi considerado responsável pelo roubo de uma valiosa colecção de arte pertencente ao proprietário do apartamento que alugava, a honestidade de Milosevic foi comentada por vários representantes neutros de governos estrangeiros que disseram que ele sempre se tinha comportado com confiança e dignidade.

Ao explicar o que aconteceu, o falecido Slobodan Milosevic deixou claro quem eram os instigadores da guerra contra a Sérvia:

> *"A Jugoslávia era uma federação moderna com diferentes*

culturas, diferentes heranças, vivendo sem muita discórdia e a questão de quem é macedónio, quem é croata, etc. foi imposta a partir do exterior, nomeadamente pelo Holbrook americano. Foi só então que surgiram problemas. Ninguém com interesse no seu bem-estar começaria a agitar pela dissolução da Jugoslávia, enquanto parte do povo croata vivia na Bósnia e assim por diante? Ou os muçulmanos? E o que seria de nós, divididos em pequenos estados?

Na Europa não há reconhecimento de diferenças culturais e étnicas. Cada país precisa de novas fórmulas para lidar com as diferenças culturais e étnicas de uma forma respeitosa. A Jugoslávia tinha um tal código. A NATO é suposta ser uma aliança. Uma aliança significa estados iguais. Mas, de facto, a OTAN é uma máquina de guerra imposta pelo soberano americano. É compreensível que os EUA, como a nação mais poderosa, aspire a um papel de liderança. Os americanos poderiam ter sido benevolentes. Mas em vez disso, escolheu o caminho de César, derramando sangue e matando nações. Portanto, falhou o milénio, não apenas o século. Seria cómico se não fosse trágico.

Tudo se tornou transparente. Considere esta história muito breve. Em Outubro de 1997, os líderes dos países do sudeste europeu reuniram-se, todos nós. Estabelecemos um entendimento muito bom. Eu propus: "Vamos fazer algo por nós próprios. Vamos eliminar as tarifas entre nós. A reunião correu muito bem. Tive excelentes discussões em pessoa com Fatos Nano, o primeiro-ministro albanês. Discutimos a abertura das nossas fronteiras e ele disse que o Kosovo era um problema interno do nosso país. A mensagem desta reunião foi que no Sudeste da Europa as coisas serão resolvidas através de consulta mútua. Um mês mais tarde, recebi uma carta do Ministro dos Negócios Estrangeiros alemão Klaus Kinkle e do Ministro dos Negócios Estrangeiros francês Hubert Vedrine, dizendo que estavam muito preocupados com os albaneses. E depois, claro, o BND [serviço secreto alemão] organizou o chamado KLA em 1998. Começaram a disparar, matando carteiros, silvicultores; atiraram bombas em cafés, perto de mercados verdes. Reagimos como qualquer Estado reagiria. No Verão de 1998, elas já tinham desaparecido, destruídas. Nessa altura, o enviado dos Balcãs] Richard Hollbrooke veio aqui para insistir que o seu pessoal armado fosse autorizado a entrar no Kosovo - como observadores, disse ele: falámos. As nossas discussões foram frustrantes. Resolveríamos um problema num dia e Hollbrooke reabri-lo-ia no dia seguinte. Eu disse: "Mas ontem resolvemos este problema! ". E ele dizia: "Instruções". Queria enviar 20.000 chamados observadores armados. Isto foi acompanhado pela ameaça de que a OTAN nos bombardearia.

Tentámos minimizar os danos desta chantagem, para mobilizar a opinião pública mundial. Ao mesmo tempo, reduzimos as exigências da Holbrooke de 20.000 para 2.000 pessoas, e de observadores armados para observadores desarmados. Portanto, não foi uma invasão armada pura e simples. Mas continuava a ser um ataque à nossa soberania. Colocam um criminoso, William Walker, a cargo dos seus observadores. Este é um homem que trabalhou com os esquadrões da morte em El Salvador. Supostamente diplomatas, os seus observadores eram na sua maioria agentes de inteligência, por detrás da fachada da empresa privada americana DynCorp. Tal como a Lockheed, a DynCorp faz todo o seu dinheiro a partir de contratos governamentais e militares. É uma agência privada de espionagem que fornece informações ao Pentágono e a várias outras agências governamentais dos EUA.

Walker criou Račak, o falso massacre, com base nos seus conhecimentos sobre El Salvador. Račak foi então utilizado por Madeleine Albright para justificar o seu ultimato para negociar em Rambouillet. Foi-nos dito: negociar ou ser bombardeado. Claro que, ao abrigo do direito internacional, nenhum tratado resultante de ameaças é juridicamente vinculativo. Mas essa não era a sua preocupação. Decidimos utilizar estas chamadas negociações para ilustrar a nossa posição. A nossa delegação era uma composição dos nossos grupos nacionais. Incluía sérvios étnicos, albaneses, goranis [muçulmanos eslavos], ciganos [ciganos] e turcos. A composição do Kosovo perante o UCK [Exército de Libertação do Kosovo] expulsou a maior parte deles.

Entretanto, o texto completo do "acordo" de Rambouillet apareceu numa publicação albanesa três dias antes mesmo da nossa delegação chegar a França. Está a ver? Tinha sido redigido com antecedência. Os nossos delegados leram-no. Um deles mostrou-o aos americanos e disse: "Olha, está mal feito. É uma porcaria. E um dos americanos disse: "De que estás a falar? Foi preparado por James O'Brien! Um dos nossos melhores homens! Escreveu os documentos completos para a autonomia tibetana. Era com isto que tínhamos de lidar. E quanto a Clinton? Ele disse que os sérvios eram responsáveis pela Primeira e Segunda Guerras Mundiais. Um jornal israelita perguntou-me se a demonização dos meios de comunicação anti-Sérvios era uma forma de genocídio. Afinal, esta demonização foi utilizada para justificar a guerra aérea, que consistia quase exclusivamente em bombardear civis, destruindo a vida normal, a vida de um povo.

Os sérvios são os únicos europeus a terem sido bombardeados desde a Segunda Guerra Mundial. Foram lançadas 22 000 toneladas de bombas. Sem a avalanche de mentiras dos meios de comunicação, os cidadãos ocidentais comuns nunca o teriam permitido. Assim, a demonização foi uma parte crucial da máquina de guerra, limitando o protesto internacional. Fez parte do genocídio. As pessoas nos países da OTAN ainda não estão conscientes de que lhes tenham mentido. E não estão conscientes dos danos que isso tem causado às suas sociedades. A administração Clinton introduzida reside num aparelho institucional aparentemente democrático, impedindo assim qualquer possibilidade de democracia. Como podem as pessoas fazer escolhas quando baseiam o seu pensamento em mentiras?

A destruição da Jugoslávia é a prova material de que os EUA e outras forças estão empenhados num novo colonialismo. Se as suas belas palavras sobre integração global fossem verdadeiras, eles teriam preservado a Jugoslávia. Consubstanciava precisamente essa integração. Ninguém pode ser contra a integração se esta for justa, se as pessoas forem tratadas em pé de igualdade. O novo colonialismo consiste em tornar a pequena parte mais rica, a grande parte mais pobre; e em matar nações. Se perder o seu país, a sua independência e a sua liberdade, todas as outras batalhas serão perdidas. Como se pode organizar um país para a prosperidade se não se tem país? Se compreendermos que estamos perante um novo tipo de colonialismo, que ataca a soberania nacional, podemos reunir todas as nossas forças. A esquerda entendeu uma vez esta ideia, razão pela qual as forças imperiais penetraram na esquerda.

Mas a esquerda é muitas vezes pior do que a direita. Na Alemanha, livraram-se de Kohl e puseram em prática Schroeder, que fará tudo pelos americanos. Gorbachev era também um americano. Ele destruiu a União Soviética por eles. Durante anos, os russos funcionaram como se estivessem sob hipnose.

Os americanos conseguiram hipnotizá-los para acreditarem que a sua economia depende do FMI e do Banco Mundial. Centenas de milhares de milhões foram retirados da Rússia; as vidas de pessoas comuns estão a ser destruídas; e estão a perder o seu tempo a negociar empréstimos do FMI.

Considerar as possibilidades. Toda a Europa Ocidental depende da produção de gás natural. Porque é que a Rússia não é o principal fornecedor? Poderia ser se os russos tivessem isto em mente em vez de jogarem o jogo deste idiota de confiar no FMI. Vejam os modelos económicos que o FMI aplica! Kenneth Galbraith, o economista americano, disse: "Se os americanos implantassem estes modelos económicos na América, eles seriam destruídos". A questão para os russos é: quando é que se aperceberão da necessidade e possibilidade de serem os vossos próprios mestres? Não há maneira de jogar o jogo americano e ganhar. Os EUA controlam todo o sistema bancário internacional.

Fui atacado por tudo. O enviado americano, Richard Hollbrooke, disse-me uma vez: o governo suíço vai congelar as vossas contas. Eu disse: "Porquê parar por aí? Espere um minuto". Escrevi algumas palavras e dei-lhe o jornal. "Aqui. Assinei-vos todos os bens das minhas contas no estrangeiro. Podes ficar com cada centavo".

Ele ficou surpreendido. "Posso? "Eu disse: "Sim!
infelizmente, não há contas". Em geral, na banca, não se
pode ter presidentes de países que escondem grandes
quantidades de dinheiro. É simplesmente absurdo. O
objectivo de todos os relatórios sobre como ainda não
encontraram o meu dinheiro é dar às pessoas a falsa
impressão de que há algo a procurar.

Um cidadão privado num canal de televisão sérvio estava a
criticar os meios de comunicação, e no meio dele, o canal
cortou a energia. Sem mais nem menos. O ecrã ficou preto.
Isto mostra como este regime DOS [instalado por um golpe
de Estado em Outubro de 2000] está preocupado com o mais
pequeno pensamento crítico. Acusam-me de ser um ditador.
Isto é ridículo. Antes do golpe de DOS, tínhamos democracia.
95% dos meios de comunicação social eram privados e a
oposição controlava a maior parte deles. No Kosovo, os
albaneses tinham mais de 20 meios de comunicação social
diferentes. Em qualquer bairro podia-se comprar um jornal
que atacasse o governo. Não tínhamos um único prisioneiro
político. Mas este novo regime promulgou as chamadas leis
de "amnistia", libertando os membros do UCK condenados
por matar crianças e outros. Chamam a isto "a nova
liberdade política". Chamo-lhe "legalizar o terror". Como é
que a minha chamada ditadura se manifestou? Ibrahim
Rugova, o líder secessionista albanês, poderia realizar uma
conferência de imprensa em Belgrado. Podia andar
livremente, almoçar, e criticar tudo. E ele fê-lo. Ninguém o
perturbou.

Acusaram-me de estar por detrás de uma série de
assassinatos que tiveram lugar antes do golpe. O Ministro da
Defesa foi morto. O Primeiro Ministro da província de
Voivodina foi morto. O Secretário-Geral da Esquerda
Jugoslava, o Vice-Ministro do Interior da Sérvia, o Director-
Geral da Yugoslav Airlines, um amigo meu do ginásio, foi
morto. Estas eram pessoas com quem eu trabalhava, amigos.
Nenhum líder da oposição foi morto. Assim, estava a matar
os meus amigos e a poupar os meus inimigos. Uma estratégia
única.

Quando ocorre um crime, não deveríamos perguntar: Qui bono? Não é óbvio que estes assassinatos foram levados a cabo em benefício dos nossos adversários estrangeiros? Que foram uma tentativa de intimidar os homens e mulheres do nosso governo? Mas os meios de comunicação social controlados pelo Ocidente dizem que eu sou responsável.

Os meios de comunicação social da oposição demonizaram o nosso governo, a minha família e eu de todas as formas possíveis. Eles acusaram o meu filho de ser um criminoso. A televisão misturou estas calúnias com programas importados da América; imagens cintilantes, atraentes especialmente para os jovens. Eles fazem isto em todo o mundo. É um ataque cultural.

Evidentemente, teve algum efeito. As pessoas no nosso país não estão habituadas às técnicas de publicidade baseadas na repetição de imagens falsas. A oposição aprendeu estas técnicas com os EUA e outros países da OTAN. Usei o termo "oposição", mas na realidade não tínhamos oposição. Tivemos uma Quinta-Coluna. Foi pago enormes quantias de dinheiro pelas pessoas que nos bombardeavam.

Isto foi abertamente admitido. E esta quinta coluna, que está agora em posições governamentais, chegou ao ponto de concordar em cooperar com o Tribunal de Haia, um falso tribunal criado em ligação com o genocídio contra os sérvios. De vez em quando, prendem um fundamentalista islâmico ou um fascista croata, a fim de assegurar o equilíbrio. Mas o objectivo é destruir aqueles que apoiam a Jugoslávia, que defendem a Sérvia, deixar as pessoas comuns vulneráveis a ataques e fazer o mundo acreditar que a resistência é impossível.

Na semana passada, as actuais autoridades de Belgrado enviaram a sua primeira vítima para Haia. É um sérvio bósnio, activo no campo dos refugiados. E estamos a ver justiça ao estilo de Haia também em Belgrado. As autoridades actuais prenderam Dragoljub Milanovic, o director da RTS [televisão estatal].

Foi assim que aconteceu. Em Janeiro, a procuradora de

Haia, Carla del Ponte, veio a Belgrado. Ela acusou Dragoljub Milanovic e eu de assassinato. Porque é que ela fez isso? Porque a 23 de Abril de 1999, a NATO bombardeou a RTS, matando 16 pessoas num dos seus atentados mais cruéis. E, disse ela, a NATO tinha deixado claro que iria bombardear; portanto, de acordo com a sua lógica louca, nós éramos responsáveis. A 8 de Abril, funcionários franceses ameaçaram bombardear a RTS. No dia 9, rodeámos a estação de televisão com um escudo humano, jornalistas, directores, funcionários, todos juntos, armas ligadas. Os cidadãos sérvios fizeram o mesmo nas pontes e nas fábricas, em todo o lado.

Então Wesley Clark parecia retirar a ameaça, mas em todo o caso, o que devemos fazer? Não ir ao trabalho? Os funcionários ocuparam a nossa maior fábrica de automóveis e escreveram uma carta apelando à NATO para que não bombardeasse. A NATO bombardeou de qualquer forma, matando e ferindo dezenas de pessoas. Foram as vítimas culpadas? O Sr. Milanovic trabalhou na RTS durante todo o mês e também poderia ter sido morto. Isso tê-lo-ia tornado responsável por 17 mortes, em vez de 16? É claro que Carla del Ponte trabalha para a OTAN, para os bombardeiros. E as novas autoridades de Belgrado que de facto prenderam Dragoljub Milanovic por esta acusação insana, estas pessoas também trabalham para a OTAN. Crimes de guerra - quem é o culpado?

Houve crimes de guerra no Kosovo. Mas por quem? Pelos terroristas, que cometeram atrocidades como é óbvio; pela OTAN, que nunca prejudicou os nossos militares? Eles bombardearam as nossas casas. Lançaram bombas de fragmentação nos nossos mercados verdes. Bombas com revestimento de urânio. Estes são crimes de guerra. E eles são culpados do maior crime de todos: lançaram uma guerra ilegal e agressiva. As suas acções agora, tudo o que fazem, destina-se a esconder a responsabilidade criminosa de Clinton, Albright, Blair, Schroeder, Solana, todos os outros.

Eles são os piores criminosos de guerra. Mas eles acusam-me. Dizem que eu ordenei o massacre de albaneses no

Kosovo. E para o provar, enviaram peritos forenses por todo o Kosovo, à procura de atrocidades. Foi um esforço de propaganda, não uma investigação científica. Era teatro - para os meios de comunicação social. Cada passo dado por estes peritos foi relatado: estão à procura dos corpos; vão desenterrá-los em breve; encontraram um sapato; e assim por diante.

Com tudo isto, as pessoas devem ter pensado: deve haver aqui um crime grave. A notícia que procuravam era grande, mas a notícia de que não encontraram nada - era uma notícia muito pequena. Penso que muitas pessoas nos vossos países ainda acreditam que cometemos genocídio contra os albaneses no Kosovo.

No final de Maio de 1999, os russos ofereceram-nos o chamado plano de paz "Ieltsin". Era um bom plano. Depois parece que os russos se encontraram com os americanos na Finlândia, e quando o enviado russo, Victor Chernomyrdin, chegou a Belgrado, o plano era totalmente diferente. Foi dito que o Kosovo continuaria a fazer parte da Jugoslávia, mas o plano era também para a retirada total das forças jugoslavas e para a ocupação pela ONU. Perguntamos como poderíamos saber que isto não se transformaria numa ocupação da NATO e num terror do UCK. Chernomyrdin jurou-nos que os nossos irmãos russos não o permitiriam.

O que é que devíamos fazer? Por um lado, a administração russa tinha prometido não deixar que a OTAN assumisse o controlo. Por outro lado, havia uma clara ameaça. A OTAN tinha começado a bombardear o Kosovo.

Se não estivéssemos de acordo, os russos deixaram claro que retirariam o seu apoio e que seríamos condenados nos meios de comunicação internacionais como belicistas que nem sequer aceitariam um plano de paz dos nossos irmãos russos. Por isso, concordámos em assinar. Os líderes do nosso governo discutiram-no, e depois o parlamento debateu-o e votou a favor da assinatura do acordo.

Após o golpe de 5 de Outubro, demiti-me da presidência. Não tinha de fazer isso. Poderíamos ter montado um contra-

ataque. Mas o nosso governo discutiu a situação. Pensávamos que as potências estrangeiras queriam causar um banho de sangue. A sua ideia era a seguinte: resistiríamos com firmeza; a sua quinta coluna organizaria provocações violentas; agiríamos para preservar a ordem; depois os seus agentes encenariam incidentes assassinos para as câmaras, acusando-nos de dar a impressão de uma repressão impiedosa. Depois, sob o pretexto de se defenderem, poderiam implementar uma solução chilena, apoiada por forças externas.

Além disso, muitas pessoas comuns foram, nessa altura, enganadas pelos meios de comunicação social do DOS, pela demonização do nosso governo e por muitas promessas falsas, aparentemente apoiadas por imagens da televisão ocidental, imagens sedutoras de riqueza. Pensávamos que a NATO queria provocar uma guerra civil, um banho de sangue e deixar que os sérvios se matassem uns aos outros. Criar um pretexto para a intervenção. Temos experiência directa de guerra. As perdas não podem ser substituídas. Portanto, se possível, é melhor lutar na esfera política. Por isso, demiti-me. Isto apanhou os americanos de surpresa. Foi-me dito que a [Secretária de Estado norte-americana Madeleine] Albright ligou a Steven Erlanger do NY Times a 6 de Outubro, muito chateada. "É possível que ele se tenha demitido? "Ela não podia acreditar. Estragou-lhes os planos.

Pensa que os problemas económicos actuais se devem à incompetência das novas autoridades ou que foram deliberadamente criados? A economia foi arruinada.

Os gestores competentes foram expulsos por violência ou ameaças. Foram substituídos por pessoas que são incompetentes, mas que fazem o que as autoridades lhes dizem. E o que é que eles lhes dizem? Paralisar a economia e falir indústrias inteiras para que possam ser vendidas por amendoins aos seus patrões no Ocidente. Isto não é como o colonialismo antiquado. Os estrangeiros colocam os seus procuradores no poder e simplesmente despojam o país, destroem a capacidade produtiva local, e depois despejam o seu lixo. No primeiro Inverno após o bombardeamento da

NATO [ou seja, Inverno 1999-2000], não tínhamos restrições ao aquecimento. Foi um Inverno feroz. O Inverno seguinte foi ameno, mas os novos chamados democratas - Milosevic refere-se à oposição "democrática" na Sérvia, que tomou o poder num golpe de Estado em 5 de Outubro de 2000, com todas as suas promessas de que o Ocidente faria isto e aquilo - o que é que eles conseguiram? Falta constante de electricidade, e não se esqueça que nos aquecemos principalmente com electricidade".

Há muito mais nesta declaração, mas os destaques foram aqui incluídos, em que o falecido Presidente Milosevic dá um excelente relato dos métodos utilizados pela Nova Ordem Mundial e deixa claro que o ataque à Sérvia foi parte integrante do avanço da Nova Ordem Mundial. O seu relato vividamente claro sobre a desonestidade de Clinton, Hollbrooke e Albright e a conduta traiçoeira do General Wesley Clark é arrepiante, pois o que vemos no papel é o verdadeiro modus operandi que será utilizado em todas as futuras conquistas de estados-nação recalcitrantes.

A guerra contra a Jugoslávia é o modelo para as guerras que serão travadas, para além da conspiração, para e em nome da nova ordem mundial, na qual os EUA continuarão a desempenhar o papel principal.

Capítulo 10

As ditaduras raramente aparecem como tal

As ditaduras nascem frequentemente de outra forma e raramente usam o uniforme completo de repressão. Felix Dzerzhinsky costumava andar por Moscovo parecendo um camponês russo do campo, com um velho e mal ajustado boné estreito colado na parte de trás da cabeça. De lá mudou para um velho Rolls-Royce para rondar as ruas de Moscovo. Os núcleos da temida polícia secreta de Estaline começaram a formar-se em 1905, após a Guerra Russo-Japonesa. Os horríveis bolcheviques não "chegaram" de repente em 1917.

Quando Júlio César atravessou o Rubicão entre a autoridade civil e militar com uma legião romana, a tradição de proteger o governo civil dos generais vitoriosos famintos de poder foi quebrada, e a mudança radical da República Romana para o Império Romano começou.

As semelhanças entre os acontecimentos que acabei de mencionar e a actual administração Bush são bastante fáceis de detectar, especialmente no que diz respeito às enormes despesas militares. Os nossos Pais Fundadores avisaram-nos que um exército permanente acabaria por se tornar uma ameaça à nossa liberdade.

Leia as palavras de São Jorge Tucker:

"Sempre que os exércitos permanentes são mantidos, os direitos do povo, a liberdade, se não já aniquilada, estão prestes a ser aniquilados."

Antes de mais, a lei mais alta da terra, a Constituição dos EUA, está a ser violada pela presença de uma grande força armada americana no Iraque, onde não tem autoridade legal para estar ao abrigo da Constituição dos EUA ou do direito internacional. Temendo que César se tornasse um rei e que o Estado de direito fosse comprometido (soa-me familiar?), o Senado não aprovou as mudanças radicais que César tinha decretado e o assassinou. Nas guerras civis que se seguiram, o sobrinho-neto de César Octávio tornou-se o primeiro imperador romano, César Augusto. Os pais fundadores da América eram homens eruditos. Eles conheciam a história grega e romana e queriam evitar uma repetição da história na nova jovem nação.

Desde os primórdios da nossa República, os anarquistas constitucionais que trabalham em segredo, têm-se empenhado em destruir a lei suprema da terra, a Constituição dos Estados Unidos e a Carta dos Direitos. Ao fazê-lo, tentaram perverter o princípio de que a Constituição é a lei mais elevada da terra e que só a Constituição, na forma em que foi escrita, é a única forma de um governo justo e honesto suportar. As palavras do Honorável Hannis Taylor devem ser colocadas em pedra e anotadas com cuidado e preocupação:

> "O *seu peticionário afirma que a história da nossa Constituição, tomada como um todo, consiste numa série de esforços para a contornar sempre que as suas disposições se tornam inconvenientes para uma classe em particular num determinado momento.*"

Hannis Taylor tinha pedido ao Senado que impedisse o flagrante abuso de poder do Presidente Wilson e a violação do seu juramento ao recrutar as milícias para combater na Primeira Guerra Mundial, o que não tinha autoridade para fazer. Se ele estivesse vivo hoje, Taylor teria certamente apresentado uma nova petição:

> "A petição que apresentamos ao tribunal do povo dos Estados Unidos indica que nunca na nossa história a nossa nação esteve em maior perigo do que hoje em 2006, devido à destruição deliberada da Constituição dos Estados Unidos. A ascensão ao poder do Partido Republicano da Guerra e do seu Supremo Tribunal nomeado líder, o Juiz George Bush, tem sido rápida e está a provar ser um desastre absoluto para a nação americana. Os dois partidos políticos uniram forças

num conluio para derrotar a Constituição. "

Woodrow Wilson, um socialista disfarçado de democrata, foi um dos piores de uma linha de não constitucionalistas que até agora ocuparam a Casa Branca. Destruiu o sistema aduaneiro, arrastou os Estados Unidos para a Primeira Guerra Mundial, e atribuiu a si próprio poderes que o poder executivo não deveria ter. Wilson colocou a nação americana no caminho da ditadura que levou apenas algumas décadas a evoluir para a realidade actual. E o Partido Republicano (com excepção de Bob La Follette) ajudou e incitou Wilson nos seus crimes horríveis contra a nação, o que não foi o menor dos quais abriu as portas ao socialismo internacional.

Hitler permitiu que o incêndio do Reichstag acontecesse a fim de gerar uma crise. Os ramos judicial e legislativo do governo entraram em colapso, abrindo a porta para governar por decreto. Os decretos de Hitler tornaram-se assim lei. O povo alemão aceitou esta regra ditatorial por causa do clima de crise e terror que tinha sido criado. O Decreto para a Protecção do Povo e do Estado (28 de Fevereiro de 1933) suspendeu as garantias de liberdade individual e permitiu a prisão e o encarceramento sem julgamento. A Lei de Habilitação (23 de Março de 1933) transferiu o poder legislativo para Hitler, habilitando-o a promulgar leis (proclamações, agora chamadas ordens executivas) que são agora amplamente utilizadas nos Estados Unidos e que se desviam da Constituição, tornando-a ineficaz.

Os bolcheviques foram dez mil vezes piores. Eles não fingiram ter boas intenções. Conspiraram abertamente para despojar a Rússia do seu estatuto de Estado-nação e derrubá-la. Graças à Grã-Bretanha e aos Estados Unidos, a sangrenta aquisição revolucionária dos bolcheviques foi bem sucedida, e eles cometeram abertamente as piores atrocidades jamais vistas, sabendo que tinham a aprovação tácita dos Estados Unidos e da Grã-Bretanha. Os revolucionários bolcheviques tomaram o poder absoluto, e o seu poder tornou-se tirânico. Este continua a ser um dos melhores exemplos do que H.G. Wells chamou de "conspiração aberta".

A Constituição dos EUA proíbe o poder absoluto. A Constituição dos EUA define o poder absoluto como "poder arbitrário". Proíbe o exercício do poder arbitrário e condena as chamadas "leis", como a Lei Patriota, que estabelece tribunais e agências secretas dedicadas à espionagem em massa do povo. Estarão os Estados Unidos hoje em dia perto da condição da URSS em 1931? A resposta é sim. O Império Romano não se baseava em nenhuma ideologia. Baseou-se na energia nua. E sempre que o povo romano ficava alarmado com isto, o exército iniciava guerras pela sua "segurança e protecção", o que permitia à população permanecer em silêncio, acreditando erroneamente que o que o exército romano estava a fazer era para o bem dos cidadãos de Roma. A conduta da administração Bush não é uma sobreposição perfeita do Império Romano?

Os mestres da Revolução Francesa afirmaram que se baseava na liberdade, fraternidade e igualdade, mas rapidamente se transformou num regime totalitário (sob o disfarce da democracia popular) acompanhado de violência institucional e governar por decreto. A ditadura de Hitler foi em grande parte pessoal e baseada num programa elaborado nos alojamentos ocultos da organização maçónica da Sociedade de Thule.

A ditadura que emergiu da revolução bolchevique baseou-se num tipo de ideologia simplista; a ideologia de um governo ditatorial que Lenine declarou ser a ditadura do Partido Comunista sobre o povo russo. Lênin disse:

> "... Que repousa directamente na força, sem ser limitado por nada, sem ser restringido por qualquer lei ou regra moral absoluta".

Não se pode pensar que as pessoas nos EUA de hoje vêem a semelhança entre os bolcheviques e o Partido Republicano fortemente infiltrado de hoje? A ditadura do Partido Comunista governada apenas pela coerção, sem qualquer restrição ou inibição, utilizando tribunais secretos, julgamentos secretos, tortura secreta, prisões secretas e execuções, com um aparelho de estado maciço para manter o povo com medo e tremor e sem ousar questionar o novo reinado de terror. Contudo, Wilson aplaudiu os bolcheviques e declarou que "algo maravilhoso (ou termos semelhantes) aconteceu na Rússia".

Wilson poderia dizer isto porque era um socialista profundamente empenhado que tinha sido posto em funções para destruir a Constituição dos EUA a fim de trazer o socialismo aos Estados Unidos, um objectivo que todos os sucessivos presidentes têm procurado perseguir. Além disso, Wilson presumivelmente via a Rússia como um modelo para os futuros Estados Unidos da América.

Tal como Wilson, Franklin D. Roosevelt era um socialista mal disfarçado. A sua ascensão ao poder foi alcançada através da situação artificial que ele e o seu gabinete planearam em Pearl Harbor. Pearl Harbor não só destruiu vidas e bens, como deu a Roosevelt uma *desculpa*, uma licença *para* destruir a Constituição dos EUA para além da reparação, e fê-lo com a cumplicidade (com algumas notáveis excepções) dos homens dos partidos Democrata e Republicano. Roosevelt fundiu a separação de poderes na sua falsa declaração "Guerra contra a Pobreza" até hoje, esta pedra angular da Constituição está tão minada que toda a Constituição está pronta a cair.

A fusão de poderes foi *realçada* com a *falsa* Lei dos Poderes de Guerra. Temos visto versões do mesmo "poder" falso serem "transferidas" para o poder judicial desde a invasão do Iraque em 1991, por um Congresso manso e brando, quando o Congresso sabia que não podia fazer tal coisa. Os poderes de guerra e paz são investidos unicamente no Congresso, mas Roosevelt foi trabalhar com a sua bola destruidora e finalmente derrubou essa barreira. Não há nenhum poder, explícito ou implícito, na Constituição dos EUA que permita a criação da CIA, FBI, NSA, NRO, ATF; FISA, o "Gang of Eight": tribunais secretos, orçamentos secretos, reuniões à porta fechada, prisões secretas e câmaras secretas de tortura.

A Constituição dos EUA não prevê qualquer poder chamado "ordem executiva", porque uma "ordem executiva" é equivalente a legislar e o poder executivo está absolutamente proibido de legislar.

O magistrado - que é um título mais correcto do que "Presidente" - está lá para fazer cumprir as leis aprovadas pelo legislador e nada mais. Todas as ordens executivas são falsas, excepto as que foram primeiro debatidas pelo legislador, aprovadas pelo Congresso, e depois dadas ao Presidente para anunciar como um acto do Congresso, e não como um acto do Presidente. Não existe na Constituição dos Estados Unidos nenhum poder, expresso ou implícito, que dê ao governo quaisquer outros poderes para além dos enumerados nos poderes delegados, Artigo I Secção 8 Cláusulas 1-18; e em parte alguma o poder de fazer a guerra ou a paz é dado ao executivo, e o governo ou qualquer dos seus ramos ou funcionários não tem poderes para alterar ou suspender a Constituição, excepto através de uma emenda constitucional submetida aos Estados para ratificação.

Mesmo assim, não seria uma "emenda", mas um acto para estabelecer uma nova constituição. Mas Roosevelt ignorou estas restrições e concedeu a si próprio "poderes de guerra", e os republicanos, com algumas notáveis excepções, concordaram com esta tomada de poder.

Hoje temos o Presidente Bush a afirmar ter "poderes de guerra que lhe foram concedidos pelo Congresso", e ele iniciou a criação de agências que alteraram radicalmente a forma da Constituição e rasgaram as protecções que ela garante. E os Democratas, em geral (o Senador Joseph Lieberman é um bom exemplo de um deles), têm seguido o magistrado da Casa Branca.

Tanto os partidos Republicanos como os Democratas utilizam o subterfúgio das "ordens executivas" para contornar as restrições da Constituição dos EUA.

Ambas as partes ameaçam assim a 10 Emenda e, pelas suas acções, ameaçam também o próprio Estado da União, pois uma ordem executiva é uma ameaça de ambas as partes de dissolver a forma republicana de governo garantida pelos Framers aos Estados individuais e codificada na 10 Emenda da Constituição dos Estados Unidos.

Constituição dos Estados Unidos - Emenda 10 Poderes do Estado e do Povo

Os poderes não delegados aos Estados Unidos pela Constituição, nem proibidos por esta aos Estados, são reservados aos Estados ou ao povo, respectivamente.

Uma "ordem executiva" (a mesma dos decretos de Lenine e Estaline) destrói esta garantia ao destruir a 10 emenda de facto e de facto, tornando-a nula e sem efeito.

Em virtude deste ataque directo aos direitos dos Estados garantidos aos Estados pelos Pais Fundadores, os Estados têm todo o direito de se separarem em condições perpetradas pelo Congresso; de facto, é seu dever separarem-se da União. Roosevelt, o ditador socialista e democrático, conseguiu subverter o Supremo Tribunal e trazer os Estados Unidos para o nível da Rússia bolchevique. Os republicanos permitiram que isto acontecesse, mais uma vez, com algumas notáveis excepções.

Senador Schell, Registo do Congresso, Senado:

Desde Wilson, tem havido uma luta constante para nos elevar ao nível da Europa. O mesmo pessoal que no tempo de Wilson, a mesma equipa de demolição que nos levou à guerra e nos arruinou, está agora no comando (no gabinete de Roosevelt).

A primeira experiência 'nobre' do presidente quando tomou posse foi procurar uma forma de encontrar algo que não lhe foi permitido fazer, de procurar uma forma secreta de fazer passar algo. A oportunidade surgiu quando Florence Kelly lhe deu o livro dos socialistas Fabian, "A New Deal".

Não lhe parece tudo isto muito familiar? Qual é a diferença entre a imaginária "guerra contra a pobreza" de Roosevelt, criada pelo seu Procurador-Geral, e a falsa "guerra contra o terror" imposta ao povo americano pelo Rei George Bush, Príncipe Richard Cheney e ex-Grande Duque Donald Rumsfeld? Em suma, não há diferença. Uma fraude foi perpetrada contra o povo americano em 1933 e uma fraude foi perpetrada contra o povo americano pela segunda vez em 2001.

Capítulo 11

Dissolução do pacto

Durante os primeiros sete anos do século 21, os Estados Unidos tropeçaram como um país de democracia, liberdade civil e justiça para todos. Mas será? Primeiro, os nossos Pais Fundadores disseram que não queriam lidar com uma democracia e assim estabeleceram os Estados Unidos como uma República.

Um dos principais críticos entre os delegados da Convenção, o Governador Randolph da Virgínia, expressou a sua preocupação com a democracia:

> O nosso principal perigo vem dos partidos democráticos das nossas constituições... Nenhuma das constituições proporcionou controlos suficientes da democracia... Os males que conhecemos provêm do excesso de democracia... não faltaram virtudes ao povo, mas foram as fraudes dos chamados patriotas.

Se olharmos mais de perto para o sistema maciço de espionagem Echelon utilizado por uma organização inconstitucional, a Agência Nacional de Segurança (NSA), para espiar cidadãos americanos de uma forma que excede em muito tudo o que Lenine ou Estaline alguma vez fizeram, rapidamente nos damos conta de que os EUA criaram, de facto, uma verdadeira ditadura nascente. E o que é mais horrível é que tanto democratas como republicanos tenham seguido o exemplo sem um murmúrio de protesto. A ideologia desempenha algum papel na emergente ditadura americana? Categoricamente, não. O desaparecimento da República Americana tem muito a ver com a evolução da história. Lincoln foi o primeiro ditador americano. Isso parece duro, mas há fortes provas que o apoiam. Lincoln justificou a sua ditadura em nome da preservação da União. Os seus métodos

JOHN COLEMAN

extra-legais e extra-constitucionais (tais como a suspensão do habeas corpus e a imposição da lei marcial) foram tolerados para suprimir a oposição do Norte à guerra de Lincoln contra a secessão do Sul, um acto de secessão que era legal e constitucional.

Os Estados do Sul tinham todo o direito e mesmo o dever de se separarem da União, pois Lincoln tinha violado a Emenda 10 que lhes garantia uma forma republicana de governo na altura da União. E Lincoln mentiu ao chamar à tentativa de secessão uma rebelião. Isto permitiu-lhe chamar as milícias e 'suspender' o habeas corpus. Não vemos um eco disto nas mentiras contadas sobre as "armas de destruição maciça" inexistentes no Iraque e na massa de leis arbitrárias amontoadas umas sobre as outras, todas elas despojando qualquer vestígio de protecção que a Constituição dos EUA uma vez ofereceu? Se continuarmos a não conseguir ver isto, então Deus ajude o povo americano.

O primeiro grande ataque à Constituição dos EUA depois de Lincoln veio do magistrado Wilson, que assumiu dez poderes que ele não tinha o direito de tomar. Mais uma vez, os republicanos deixaram-no fazer isto e até apoiaram a sua declaração de guerra contra a Alemanha, quando mais de 87% do povo americano era contra ela.

O ataque à separação de poderes, que é a pedra angular do nosso sistema político, veio com a resposta da administração Roosevelt à crise da Grande Depressão. O "New Deal" (de um livro de Fabian socialista com o mesmo título e apresentado no meu livro, One *World Order Socialist Dictatorship*)[6] resultou na delegação dos poderes legislativos do Congresso ao poder executivo, em completa revogação da Constituição. Hoje, quando o Congresso aprova uma lei, é pouco mais do que uma autorização para uma agência do ramo executivo fazer a lei escrevendo os regulamentos que são depois implementados por falsas

---

[6] *A Ditadura da Ordem Mundial Socialista*, John Coleman, Omnia Veritas Ltd, www.omnia-veritas.com.

proclamações, chamadas "ordens executivas".

Todas as leis devem ser explícitas, rigorosamente escritas e claramente definidas. Até ao *New Deal, a* legislação era estritamente escrita para evitar que os juízes inserissem as suas predilecções entre as linhas da Constituição, que foi incorporada na 9 Emenda à Constituição dos EUA, que é uma restrição aos presidentes e/ou juízes que expressam as suas próprias ideias como se estivessem na Constituição. Por outras palavras, nenhum "entendimento" executivo conducente a uma alteração foi correctamente tolerado, e nenhuma dessas "declarações de assinatura" ilegais são encontradas na Constituição.

O poder executivo está lá para fazer cumprir a lei, não para a interpretar. A Agência Nacional de Segurança (NSA) é um exemplo perigoso do que acontece quando a emenda 10 é desrespeitada.

Não é assim que uma República deve ser gerida. Ao "permitir" que as ordens executivas se tornem lei, a lei deixa de ser responsável perante o povo. Se o magistrado que faz cumprir a lei também escreve a lei, então fazemos troça de "todos os poderes legislativos serem investidos em representantes eleitos no Congresso".

O povo, o soberano, é então deserdado, a sua Constituição é violada e a separação de poderes é violada. Não será esta uma razão para os Estados que são violados pelas chamadas "ordens executivas" se separarem da União? Não há dúvida de que é este o caso.

Afirmo que esta é uma causa principal para a secessão da União. O princípio de que o poder delegado pelo povo ao Congresso não pode ser delegado pelo Congresso ao poder executivo é a âncora da República Americana e da sua Constituição.

Até que o Presidente Lincoln derrubou este princípio, o ramo executivo não tinha qualquer papel na interpretação da lei e na criação das suas próprias agências para fazer cumprir essa interpretação. Era exactamente nisto que o Império Romano se baseava e porque é que entrou em colapso. Os Estados Unidos seguirão o mesmo caminho, a menos que esta gangrena seja rapidamente interrompida.

O Juiz John Marshall Harlan escreveu:

> *Que o Congresso não pode delegar poderes legislativos ao Presidente é um princípio universalmente reconhecido como vital para a integridade e manutenção do sistema de governo constitucionalmente ordenado.*

Sete décadas de uma presidência imperial que foi ordenada para ser apenas uma mera magistratura, a começar pelo presidente socialista Wilson que violou a separação de poderes, destruiu essa integridade, até hoje o Partido Republicano de Guerra e os seus advogados continuam a escrever "opiniões" para um presidente imperial, determinado a concentrar mais poder no ramo executivo, por mais flagrantemente inconstitucional que seja. Foram eles que disseram ao magistrado para se referir constantemente a si próprio como "comandante-chefe", para criar poderes inexistentes para si próprio, - e o Congresso deixou que a gangrena se espalhasse sem qualquer tentativa de a controlar. A NSA é o resultado de uma presidência imperial, tal como foi o resultado da transformação do Império Romano sob César. O impulso determinado para expandir os poderes do presidente é anterior à administração Bush, e está a ser alimentado de forma perigosa durante o segundo mandato do presidente G. W. Bush em 2007.

A confirmação do nomeado de Bush, Samuel Alito, membro da Sociedade Federalista, ao Supremo Tribunal, e um defensor confirmado dos poderes de fusão a favor do juiz em detrimento do Congresso, proporcionará cinco votos a favor de uma tomada de posse presidencial perigosamente alargada que levará ao estabelecimento de uma ditadura de pleno direito nos EUA.

O Presidente Bush usou centenas de vezes a "assinatura de declarações" para alterar o significado das leis aprovadas pelo Congresso. A origem deste poder é clara. Cresceu a partir da perversão da Constituição que começou com Lincoln, foi expandida sob Wilson e ainda mais pervertida sob Roosevelt.

Por exemplo, Bush afirmou ter o poder de ignorar a emenda McCain contra a tortura, de ignorar a lei que exige um mandado de espionagem para os americanos, de ignorar a proibição da detenção por tempo indeterminado sem acusação ou julgamento, e de ignorar as Convenções de Genebra, das quais os EUA são signatários. Afirma também que pode declarar guerra e espionagem doméstica como parte dessa guerra. Bush reivindica os poderes que foram apreendidos por Wilson.

Os seus apologistas da Sociedade Federalista e os nomeados pelo Departamento de Justiça afirmam que o Presidente Bush tem o mesmo poder para interpretar a Constituição que o Supremo Tribunal. Onde é que eles obtêm esta reclamação? Certamente não da Constituição dos EUA, que afirma claramente que o poder executivo não é mais do que um simples magistrado encarregado de fazer cumprir as leis aprovadas pelo poder legislativo. O General Lee disse uma vez que o Presidente não passa de um magistrado que deve cumprir as ordens do Congresso. Não há aqui igualdade entre o Presidente e o Congresso.

É provável que um Supremo Tribunal, no qual Alito tem assento, dê o seu assentimento a tais reivindicações infundadas e falsas. Não há maior perigo para a República dos Estados Unidos do que esta questão, nem mesmo a confusão que criámos no Iraque. Esta é a questão mais crucial para o povo, talvez no mesmo nível de crise que a Guerra Civil. Mas as pessoas estão em choque, graças ao Instituto Tavistock e aos chacais dos media, que relegaram o papel de Alto para segundo plano através do subterfúgio das batalhas políticas sobre o aborto e os direitos dos homossexuais.

Muitas pessoas apoiam Bush - e isto é especialmente verdade em relação à direita cristã - porque acreditam que estão a lutar contra a legitimação da sodomia e do assassinato no útero, e que ao apoiarem o Presidente Bush, que acreditam ser contra o mundo muçulmano e "liberais", estão "a fazer o que está certo". Eles estão tristemente enganados quando acordam para a Nova Ordem Mundial - um governo mundial.

A maioria do povo americano desconhece que a verdadeira questão não é a chamada "guerra ao terror" (que é tão fraudulenta como a "guerra à pobreza" de Roosevelt), mas sim a guerra contra os homens maus que pretendem destruir a Constituição, porque esta se interpõe no caminho dos seus planos para o estabelecimento de uma nova ordem mundial.

A maioria do povo americano desconhece completamente que estes homens estão prestes a elevar o poder executivo acima do poder legislativo e dos tribunais. O seu presidente estaria acima da lei. John Yoo, funcionário do Departamento de Justiça de Bush e professor de direito de Berkeley, argumenta que nenhuma lei pode restringir o presidente no seu papel de comandante-em-chefe. Assim, uma vez em guerra (o que não é o caso) - e declaram o miasma no Iraque como uma "guerra aberta ao terrorismo" (embora a guerra aberta seja constitucionalmente proibida uma vez que nenhuma guerra pode ser financiada por mais de dois anos), argumentam que Bush não pode estar sujeito a qualquer controlo como "comandante-chefe". Digo que John Yoo está acima da sua cabeça e não conhece a Constituição. O Departamento de Justiça de Bush diz que o presidente é livre de tomar qualquer acção na acusação da guerra, incluindo tortura, espionagem indefinida, e a detenção de cidadãos americanos sem restrições judiciais "interferindo" com as suas decisões.

Comandante-em-Chefe é um papel "suficientemente amplo para se estender a qualquer crise", quer real ou artificial. O facto de o Departamento de Justiça e os seus advogados federalistas estarem 100% errados e de o Presidente não ser nem poder ser Comandante-em-Chefe em tempo de paz (o estatuto actual do país) e, por conseguinte, o título não lhe poder ser conferido e que, mesmo que lhe tenha sido conferido após uma declaração de guerra, o Presidente ainda não tem poderes de guerra, faz pouca diferença para eles. Há, portanto, poucas dúvidas de que os Estados Unidos tenham chegado à beira de uma ditadura nascente. É improvável que a crise constitucional em desenvolvimento - talvez o início da segunda revolução americana - tenha atingido o nível de consciência do povo americano, que até agora não reconheceu que a Constituição está a ser pisoteada como nunca antes na sua história e está prestes a ser relegada para o posto da defunta Carta Magna.

A descida gradual da América à ditadura é o resultado de uma evolução histórica que começou com Lincoln e foi ampliada por uma série de presidentes que desencadearam conflitos amargos, mesmo antigas batalhas políticas que remontam à Guerra Civil. A chamada "crise constitucional" que eclodiu quando o Presidente Nixon foi deposto por um Congresso Democrata é apenas uma sombra da actual crise constitucional. A principal diferença é que os chacais dos media, cujos uivos noturnos no céu de Washington D.C. desempenharam um papel tão crucial em Watergate, estão agora estranhamente silenciosos enquanto vêem a Constituição passar por um moedor de carne.

Ao chegarmos ao final do último trimestre de 2007, não existem mais partidos constitucionais. Ambos os partidos políticos, a maioria dos advogados constitucionais e as associações de advogados abandonaram a Constituição e, de boa vontade, tornaram-na inoperante sempre que esta interfere com as suas agendas inconstitucionais. Os americanos esqueceram os Pais Fundadores e a geração que se seguiu; esqueceram o sangue e o sacrifício dos nossos nobres antepassados na sua grande luta pela liberdade e justiça para todos. O povo americano está prestes a perder o seu sistema constitucional e as suas liberdades civis - permanentemente. A Nova Ordem Mundial tornar-se-á uma realidade a menos que a Constituição seja restaurada no seu devido lugar, e isso significa livrar-se da espionagem doméstica por qualquer meio, proibindo todas as actividades domésticas da CIA, NSA e FISA. Significa também livrar-se da Lei de Segurança Interna, da Lei Patriótica, da Lei da Carta de Condução, reduzindo drasticamente o ramo executivo e devolvendo-o à sua função própria, a de um magistrado encarregado de defender as leis da União. As alterações 2, 4, 5, e 10 devem ser elevadas ao seu papel preeminente e o país deve voltar a ser uma nação de leis, não de homens todo-poderosos.

A menos que isto aconteça, os Estados Unidos, tal como previsto pelos nossos Pais Fundadores e pela geração que se seguiu, estão condenados à destruição. Para evitar que um tal desastre nos atinja, nós, o povo, os soberanos proprietários da Constituição dos EUA, devemos enviar delegações à Câmara e ao Senado de cada uma das 50 nações soberanas e independentes que compõem os Estados Unidos e devemos exigir que os nossos representantes devolvam os Estados Unidos ao governo constitucional.

Se não o fizerem, então devem ser forçados a abandonar o cargo utilizando as vias de recurso previstas na Constituição do povo soberano. Os delegados devem exigir que as palavras do Representante Denison contidas no Globo do Congresso, 31 de Janeiro de 1866, páginas 546-549, sejam postas em prática imediatamente, sem qualquer atraso:

> Assim, quando criaram esta organização governamental a que chamaram os Estados Unidos, os Estados tinham o direito, nos termos da Constituição, de delegar certos poderes e o direito de fazer certas coisas, de colocar os poderes delegados sob o controlo de maiorias federais, e de reservar certos poderes para o controlo do povo de cada Estado, cujo exercício e controlo não estavam sujeitos a qualquer outro poder.

> Se os Estados reservaram estes poderes a si próprios absoluta e incondicionalmente, então eles não podem ser retirados por dois terços desta Câmara e três quartos dos Estados, mais do que uma maioria dos accionistas de um banco no qual eu possa ter acções pode levar o meu cavalo ou a minha quinta para uso da corporação, porque os Estados nunca colocaram estes poderes reservados no conjunto de poderes controlados pelas maiorias federais.

> No que respeita a estes poderes reservados, as condições eram as mesmas após a adopção da Constituição que antes. O povo de cada Estado constituía a soberania antes da adopção desse instrumento. Foram igualmente soberanos sobre os direitos reservados após a sua adopção, e não podem ser retirados, excepto pela vontade de cada Estado, a menos que haja algo na Constituição que o autorize; pois um Estado, como um indivíduo, não pode ser obrigado mais do que consente em vincular-se a si próprio.

> Os Estados abdicaram destes direitos ao concordarem em alterar a Constituição? Se assim for, estes poderes não foram

absolutamente reservados, mas apenas mantidos até as maiorias federais representadas por dois terços da Câmara e três quartos dos Estados optarem por os transferir contra a vontade do povo do Estado, ou até um quarto do Estado, ou três quartos dos Estados dos Estados optarem por os transferir contra a vontade do povo do Estado. Ou pode ser um quarto dos estados, dos seus respectivos estados, para o governo federal. Isso deve ser resolvido pela Constituição e penso que é...

A característica mais importante da emenda 10 é que estabelece os limites do governo federal, que é um governo de poderes delegados, e não de poderes originais. Torna impossível para o governo tomar qualquer poder por inferência.

O poder a ser tomado ou exercido deve ser claramente expresso na Constituição, caso contrário não pode ser tomado ou exercido. O artigo 5º prevê o direito de emendar, mas não de fazer algo novo. Não seria uma emenda para abolir a Constituição e adoptar o Manifesto Comunista de 1818, nem as leis republicanas de França.

Uma emenda deve ser algo relacionado com o instrumento, deve ser algo que já está na Constituição, caso contrário não passa no teste de uma emenda. Mas a elaboração de uma nova Constituição só seria vinculativa para os Estados que concordassem em ficar vinculados por ela, e só poderia tornar-se parte da Constituição se todos os Estados a adoptassem.

(Do *Que Deve Saber Sobre a Constituição dos EUA*, Edição Revista e Actualizada de 2007).

Convidamo-lo a ler e reler esta mensagem essencial até conhecer cada palavra, cada linha, porque esta mensagem contém um aviso claro de que a administração Bush tentou e continua a tentar redigir uma nova Constituição sem consultar os Estados através de um referendo nacional; esta nova Constituição deve ser aprovada por todos os 50 Estados.

Aqueles que discordam de uma nova Constituição não estão

vinculados por ela e têm o dever de se separarem da velha e dissolvida União. De facto, é seu dever como estados soberanos tomar as medidas necessárias para se separarem assim que o governo federal quebre o pacto original, o que a administração Bush, com a conivência do Congresso, já fez. Apresentamos as seguintes acções como prova de que a administração Bush já violou o pacto estabelecido como a lei mais elevada da terra e é, portanto, culpada de comportamento sem lei.

Isto é evidenciado pelo exercício de um poder arbitrário proibido pela Constituição dos Estados Unidos com a adopção das seguintes leis inconstitucionais:

➢ A invasão e o ataque militar ao Iraque sem uma declaração de guerra.

➢ O Congresso, pretendendo "dar" ou "conceder" ao Presidente "permissão" ou "autoridade" para atacar o Iraque sem causa e sem qualquer disposição na Constituição dos EUA que sancione tal ataque, o que por si só constitui uma clara violação do Artigo 4 da Constituição dos EUA.

➢ Uma vez que não existe tal poder de "dar" ou "conceder" ao Presidente um poder de guerra expressamente proibido ao poder executivo pela Constituição dos EUA, o Congresso agiu em flagrante violação da lei mais alta da terra e deve, portanto, ser imediatamente destituído do cargo.

➢ O Congresso e o Presidente conspiraram e violaram a separação de poderes e o Presidente tomou poderes a que não tem direito, mas que lhe são expressamente proibidos.

➢ Assumindo o título de Comandante-em-Chefe quando o Congresso não lhe concedeu este título temporário e assumindo poderes que violam totalmente a 10 Emenda da Constituição dos EUA.

➢ Ao enviar as milícias para combater numa guerra estrangeira.

➢ Ao aprovar o Patriot Act e o Homeland Security Act, ambos inconstitucionais, que violam grosseiramente a

Emenda 10 e anulam a Emenda 10 .

➢ Ao "fazer uma nova Constituição", aprovando leis inconstitucionais sem submeter estas medidas ao parecer favorável dos Estados, na forma prevista pela Constituição dos EUA.

➢ Espiando o povo americano em violação da Quarta Emenda.

Estes são apenas alguns dos muitos actos de dissolução da Constituição dos EUA levados a cabo pela administração Bush com a conivência e consentimento de ambos os partidos políticos. Por conseguinte, defendo que os Estados que o desejem têm o direito de se separarem da União, a menos que estas acções ilegais sejam imediatamente invertidas pelo Congresso.

Na ausência de tal acção de anulação por parte do Congresso, o povo deve convocar os seus próprios procuradores-gerais e grandes júris. Estes grandes júris em cada estado devem devolver acusações contra o poder executivo e o Congresso por cada violação da Constituição dos Estados Unidos.

O povo dos estados deve então enviar os seus representantes a Washington para informar o governo federal das suas acções e exigir que sejam tomadas medidas correctivas imediatamente. Se tal acção correctiva não for tomada de imediato, o povo soberano dos Estados soberanos deve chamar os seus representantes na Câmara e no Senado, tornando assim estes últimos inoperantes. Esperamos que haja entre nós homens do calibre de Patrick Henry, St George Tucker, Thomas Jefferson e Henry Clay, homens que tenham os meios e a coragem de agir para evitar que os Estados Unidos se transformem numa ditadura virtual.

A invasão do Iraque em 1991 e a segunda invasão do Iraque estavam ambas fora dos limites da Constituição dos EUA e, portanto, não podem ser reconhecidas como legais. Só por esta razão, o Congresso tem o direito de ordenar aos militares dos EUA que regressem aos EUA com todo o seu equipamento no prazo de 45 dias após o anúncio por uma sessão conjunta da Câmara e do Senado. As medidas para devolver o governo constitucional a Nós o Povo somos consistentes com os preceitos e princípios da Constituição dos EUA como os recursos legais disponíveis para o povo soberano de Estados soberanos.

A alternativa é não fazer nada acerca da guerra sem lei que grassa no Iraque e ver a transformação de uma República Confederada numa ditadura a desenrolar-se perante os nossos olhos. E isto só é possível com a plena cooperação de um meio de comunicação social complacente que apoia o governo até ao fim, por outras palavras, uma transformação numa conspiração aberta, como mostra o seguinte.

A imprensa: Um motor de conformidade

A questão do controlo da imprensa (impressa e electrónica) ultrapassou a fase da conspiração e está agora em cima da mesa. Alguns americanos ainda são enganados para acreditarem que o Sistema Público de Radiodifusão (PBS) é independente e a única fonte remanescente de verdade e luz. Infelizmente, não é este o caso.

Isto de acordo com um relatório recente de Kenneth Y. Tomlinson, presidente da Corporation for Public Broadcasting (CPB), por sua própria iniciativa e sem a aprovação do seu conselho de administração, nomeou dois provedores de justiça para rever o conteúdo da Rádio Pública Nacional (NPR) e do Serviço Público de Radiodifusão (PBS), a fim de corrigir o que ele considera ser um preconceito liberal flagrante.

Ombudsmen Ken Bode (membro do chamado Instituto Hudson conservador e, de 1998 a 2002, reitor da Escola de Jornalismo Medill da Northwestern University) e William Schulz (reformado da *Readers Digest*, onde Tomlinson passou a maior parte do seu tempo de trabalho) são supostamente dedicados à procura da objectividade, mas a verdade é que não reconheceriam a objectividade se esta lhes fosse apresentada na cara.

O público americano confiante, desesperado por 'verdade' na televisão pública, há muito que foi dito que 'este programa foi tornado possível, em parte, através do financiamento de espectadores/ouvintes como você', ao mesmo tempo que foi assediado pelos inevitáveis apelos de mendicidade de rádios e estações de radiodifusão individuais para 'se tornar membro' fazendo doações. Normalmente, uma boa meia hora de cada emissão é dedicada a tais apelos, e por vezes mais tempo.

Será essa táctica realmente necessária? Porque deveria a PBS implorar por doações, quando o facto é que estes membros representam apenas 26% do orçamento total gasto pelo CPB? As empresas e fundações de caridade representam um total combinado de 22,8%, com o governo federal a ficar em terceiro lugar com apenas 15,3%. O que há de errado com esta imagem?

Em primeiro lugar, os doadores individuais não têm voz organizada na determinação ou controlo do conteúdo da programação. Reclamações de parcialidade de fundações de direita e da indústria das telecomunicações asfixiaram o governo federal, que selecciona o conselho de administração - um conselho que reflecte naturalmente os desejos dos maiores doadores e que tem o maior peso. A actual direcção do CPB é composta por cinco republicanos, dois democratas e um 'independente'.

Como mencionado anteriormente, o Presidente Kenneth Tomlinson passou grande parte da sua carreira até 1996 na *Readers Digest*, que continua a ser, após todos estes anos, a favorita dos americanos que não têm tempo para ler o artigo na íntegra. O "conservador" William F. Buckley elogiou Tomlinson na National Review e diz tudo:

> "Muitos consideram-no o último grande editor da revista... A maioria dos editores da revista tinha sido contratada por Tomlinson, e praticamente todos eles eram, como o próprio Tomlinson, conservadores políticos. "

Eram pessoas que aparentemente estavam em sintonia com o pensamento de Newt Gingrich, que disse:

> "Não compreendo porque é que se chama radiodifusão pública. No que me diz respeito, não há nada de público; é

uma empresa elitista. Rush Limbaugh é um serviço público."
(Isto ignora o facto de que Limbaugh foi recrutado e atribuído
estatuto por republicanos ricos que querem que as suas opiniões
sejam promovidas).

A visão de Tomlinson sobre o papel dos media vem da sua
carreira na Voice of America (VOA) - criada para fins de
propaganda em 1942 durante a Segunda Guerra Mundial, e
reorganizada em 1953 como uma sucursal da Agência de
Informação dos Estados Unidos, mais discreta.

Uma remodelação em 1998 transferiu a VOA para a
Broadcasting Board of Governors (BBG). Kenneth Tomlinson é
agora presidente do BBG e do CPB e não há dúvida de que está
a submeter o público americano ao mesmo estilo de propaganda
que aquele preparado para o "inimigo". Embora não tenha forma
de o provar, a experiência leva-me a acreditar que o Instituto
Tavistock possa ter sido a luz orientadora para estas mudanças.
A Tavistock tem na sua carteira um grande número de contas do
governo dos EUA e de empresas privadas.

O discurso de Tomlinson a uma subcomissão do Senado sobre
operações internacionais e terrorismo no final de Abril de 2005
pode muito bem ter sido escrito para ele pelo falecido Edward
Bernays ou mesmo por Beatrice Webb:

> "Através da sua adesão aos padrões jornalísticos ocidentais,
> através da sua reportagem objectiva e precisa, Alhurra [que
> significa 'o livre' - uma nova rede de televisão em língua
> árabe, uma subsidiária da BBC] pode ganhar a credibilidade
> de que necessitamos para construir uma audiência e oferecer
> ao público do Médio Oriente uma nova e equilibrada visão
> dos acontecimentos mundiais. À medida que as críticas da
> imprensa árabe continuam, estamos em contacto com as
> pessoas - o nosso público alvo - e elas estão a enviar-nos
> centenas de e-mails a dar-nos as boas-vindas. É muito
> necessário equilibrar a informação tendenciosa controlada
> por aqueles que estão cheios de ódio contra o mundo
> ocidental", diz um deles. Este é o primeiro passo na luta
> contra a 'cultura do ódio' que alimenta o terrorismo", disse

outro. Espero que o vosso canal [ajude] os nossos irmãos árabes [...] a dizer a verdade sobre tudo o que está a acontecer."

No entanto, é duvidoso que Alhurra possa competir com a Al Jazeera. Como é que toda esta verdade 'imparcial' será transmitida? Em Março de 2005, a tarefa de liderar a transição da radiodifusão pública do analógico para o digital foi dada a Ken Ferree, o actual chefe executivo do CPB. Após um mandato de quatro anos sob o Presidente da FCC Michael Powell - ambos partilham a crença de que "os duros limites da propriedade dos media estão ultrapassados na idade de 200 canais por cabo e da Internet" - Ferree, um advogado por profissão (ou profissão), aplicou os seus conhecimentos jurídicos de Goldberg, Wiener e Wright para formular novas regras de propriedade e licenciamento dos media. Antes de Junho de 2001, Goldberg, Wiener & Wright representava a empresa privada de satélites PanAmSat, fundada por Greenwich, residente em Connecticut Rene Anselmo.

A companhia de Anselmo foi a primeira e (maior) rede internacional de satélites e trabalhou em estreita colaboração com a Hughes Space and Communications Company (fundada por Howard Hughes em 1961), uma subsidiária da Hughes Electronics, que construiu, lançou e manteve os satélites de comunicações PanAmSat.

Ferree representou a PanAmSat na sua queixa antitrust contra a COMSAT, o membro norte-americano do consórcio internacional denominado "IntelSat", que na altura tinha um monopólio baseado em tratados sobre comunicações por satélite. O resultado directo desta acção legal foi quebrar o monopólio da IntelSat e permitir que a PanAmSat se tornasse o líder na indústria das comunicações digitais.

Após a morte de Howard Hughes em 1976, a fundação médica que ele tinha criado para manter a Hughes Aircraft Company como um trust isento de impostos foi ordenada por um tribunal federal dos EUA para vender a empresa em 1985 devido aos seus laços estreitos com a Hughes Aircraft e às suas extremamente pequenas doações caritativas. Na guerra de licitações, Ford e Boeing foram ultrapassados pela General Motors para adquirir a empresa e o seu presidente disse: "A electrónica, acreditamos, será a chave para o século 21 ". Previsão, de facto? O que na altura não se sabia fora das agências de aquisição de defesa era que a Hughes fabricava produtos tais como microchips, lasers e satélites de comunicações - para além de mísseis ar-ar. Foi o maior fornecedor de equipamento electrónico para os militares e o sétimo maior empreiteiro de defesa.

O público que é cliente da Direct TV provavelmente não sabe que em 1994 a Hughes lançou os seus próprios satélites (licenciados à DirecTV) para "competir" com a PanAmSat. Apenas dois anos mais tarde, a Hughes assumiu o controlo do seu concorrente adquirindo 81% das acções da PanAmSat, dando à Hughes (e à sua empresa-mãe GM) o controlo de todas as transmissões via satélite dos EUA, à excepção de uma pequena quota de mercado detida pela Echostar.

Através deste processo, é possível controlar o que um número muito grande de americanos verá, o que constitui um valioso instrumento de formação de opinião. Rupert Murdoch, fora dos EUA, é outro magnata australiano da televisão por satélite que fundou a rede de televisão por satélite Sky em 1989 e um ano mais tarde comprou a sua rival British Satellite Broadcasting para se tornar British Sky Broadcasting.

Em 1985, o mesmo ano em que a General Motors comprou a Hughes, Murdoch comprou sete estações de televisão independentes nos EUA e a Twentieth Century Fox Holdings. Esta combinação criou a primeira nova rede de televisão desde meados da década de 1950. Murdock estendeu então a sua cadeia de jornais australianos à Grã-Bretanha, comprando o jornal londrino *The News of the World* em 1968 e, pouco depois, *The Sun*.

Em 1976 comprou o *London Times* - colocando-os todos sob o controlo da News Corp, criada em 1980. Murdoch, um alto representante do Comité dos 300, tinha assegurado um monopólio virtual sobre o que milhões de americanos e britânicos veriam nos seus ecrãs de televisão e leriam nos jornais. Era agora possível envolver-se na penetração a longo prazo e condicionamento interno de milhões de pessoas, e literalmente "lavagem ao cérebro" delas.

Tinha havido um golpe silencioso sem que os povos britânico e americano se apercebessem do que estava a acontecer. Em 1988, a News Corp. adquiriu publicações Triangle (incluindo o Guia TV) a Walter Annenberg, um amigo de Richard Nixon, que tinha nomeado embaixador dos EUA na Grã-Bretanha em 1969. Em 1993, a influência de Murdoch fez incursões na Ásia, quando adquiriu uma participação maioritária no canal asiático Star-TV.

Mas era o mercado de satélites dos EUA que era a principal preocupação de Murdoch. Para reduzir a sua dívida, a News Corp. vendeu uma participação de 18,6% na *Fox Entertainment Network* por 2,8 mil milhões de dólares em 1998, e outros 2,9 mil milhões de dólares em 2001, vendendo a *Fox Family Worldwide, Inc.* à Disney. Flush com dinheiro, Murdoch estava pronto para comprar a *DirecTV* à Hughes.

Sem esperar pela aprovação da FCC (talvez já dada em segredo por procuradores), a proposta do EchoStar para comprar *a DirecTV* foi aceite em Outubro de 2001. Após uma manifestação perante o Departamento de Justiça em Julho de 2002 por um "grupo de radiodifusores cristãos", a FCC anunciou finalmente que estava a rejeitar a fusão proposta para evitar um monopólio que prejudicaria os consumidores.

Uma decisão da FCC emitida na mesma altura permitiu à Murdoch's News Corp. adquirir 34% da Hughes - permitindo à Murdoch nomear-se presidente da Hughes - mas foi anulada em recurso um ano mais tarde pelo Terceiro Circuito de Recursos, que enviou as regras de volta à FCC para justificar as suas alterações. No entanto, a Murdoch continuou os seus programas de televisão por satélite enquanto lucrava com a venda da PanAmSat à empresa de private equity Kohlberg Kravis Roberts & Company (KKR), que depois vendeu 27% das suas acções em satélites de comunicações à Providence Equity Partners e ao Grupo Carlyle, retendo 44% para si própria. Juntos, estes accionistas levaram as suas acções ao público em Março de 2005 - triplicando o retorno do seu investimento inicial - mantendo ao mesmo tempo 55% das acções com direito a voto. O Grupo Carlyle, como a maioria de nós sabe, é uma das estrelas do Comité das carteiras do 300.

Quando os detalhes da propriedade são analisados, começa a surgir um padrão. Não há dúvida de que o palco foi montado, indo muito além da conspiração para a conspiração aberta prevista por H.G. Wells.

Entretanto, a KKR e o Grupo Carlyle (ambos com laços estreitos com a família Bush), todos muito altos funcionários do Comité dos 300, assumiram o controlo da nossa televisão. As acções do Comité dos 300 são claras. Na minha opinião, o Presidente Ronald Reagan deu a Murdoch um tratamento preferencial, permitindo-lhe entrar no mercado dos EUA, que é estritamente controlado pelo FFC. O website do Museu das Comunicações de Radiodifusão tem um artigo muito interessante - ou pelo menos foi a última vez que vi:

> "A sua rede de televisão FOX conseguiu evitar o cumprimento das regras de Interesse Financeiro e Sindicação da FCC (FinSyn), primeiro transmitindo menos horas de programação do que o necessário para definir FOX como uma "rede", e depois recebendo uma renúncia temporária da FCC a essas regras - uma acção vigorosamente oposta pelas outras três redes de radiodifusão.

> Além disso, Murdoch foi o alvo principal de um esforço de 1988 do Senador Edward Kennedy (nenhum amigo do Comité dos 300 desde o assassinato do seu irmão, o falecido Presidente John F. Kennedy, e na altura um alvo frequente do jornal Murdoch's Boston Herald) para revogar outra derrogação da FCC, uma derrogação de restrições de propriedade cruzada que teria impedido Murdoch de ser proprietário de jornais e estações de televisão em Nova Iorque e Boston. O resultado final dos esforços persistentes de Kennedy foi que Murdoch acabou por vender o *New York Post* (recebeu mais tarde uma nova renúncia que lhe permitiu comprar o jornal em dificuldades em 1993) e colocou a

WFXT-TV de Boston num fundo independente."

Depois de vender *The Daily Racing Form*, a família Annenberg tornou-se rica e "respeitável" dentro do *Hearst Newspapers*. *O* filho de Moe Annenberg, Walter, que, como gerente de circulação dos jornais Hearst, tinha procurado o "conselho" de Charles "Lucky" Luciano e Meyer Lansky para o ajudar a "supervisionar" a circulação do *New York Daily Mirror*. É duvidoso que Walter tenha alguma vez perguntado sobre os métodos utilizados pelos dois homens.

Em 1926, Annenberg deixou a Hearst para trabalhar a tempo inteiro no seu *Racing* Form, que tinha promovido enquanto trabalhava para os jornais Hearst. Em 1927, adquiriu uma participação de controlo no Mount Tennes General News Bureau, conhecido como o serviço de telegrafia de corridas, a um homem que estava a ser intimidado por Al Capone. Em 1929, Annenberg fez um acordo com a máfia de Chicago que o pôs em contacto com Meyer Lansky, Frank Costello e Johnny Torrio. Annenberg criou então uma nova empresa, a Universal Publishing Company, que publicou "folhas de parede" e "cartões duros". As folhas de parede listavam corridas, cavalos, jóqueis, probabilidades matinais e outras informações que os apostadores usavam para decidir como investir o seu dinheiro.

Alguns anos mais tarde, Annenberg fundou o Nationwide News Service em Chicago a 27 de Agosto de 1934 e levantou a ira da máfia Capone. Como resultado, Annenberg fugiu para procurar a protecção de Meyer Lansky, que na altura vivia na Florida. Lansky conseguiu que Annenberg mudasse o seu serviço noticioso para o Sul da Florida e recebesse uma parte da acção em troca da protecção de Annenberg.

Durante algum tempo, o serviço também funcionou fora da Ilha do Paraíso nas Bahamas, onde Lansky dirigia uma empresa de fachada chamada Mary Carter Paint Company. Em 1936, Lansky reconciliou-se com a Máfia e permitiu que Annenberg fizesse um acordo com o sindicato de Capone. Segundo fontes fiáveis, Annenberg pagava um milhão de dólares por ano para protecção e era livre de perseguir outros interesses sem ser perseguida por pistoleiros.

Com o problema da agência noticiosa resolvido, Annenberg comprou um jornal que ele sentia ter "prestígio e classe" (do qual Lansky fala sempre, mas que falta aos seus outros empreendimentos) - o *Philadelphia Inquirer*. Annenberg tinha aprendido muito desde 1934 e conseguiu aumentar a circulação global do *Inquirer*. Teve muito cuidado em moldá-la como um instrumento e modelo de sucesso para a política do Partido Republicano e um veículo de promoção da Nova Ordem Mundial, embora muito subtilmente.

Os contactos do seu filho Walter com os republicanos levaram à sua nomeação como embaixador na Grã-Bretanha pelo Presidente Richard Nixon. Quando Walter Annenberg morreu em 1994, o seu obituário naturalmente não mencionou estes detalhes triviais, uma vez que tinha doado uma pequena percentagem dos seus ganhos do vício à caridade.

Que ninguém duvide que somos controlados pelos meios de comunicação social, tal como os próprios meios de comunicação social são controlados. Isto é um facto de conspiração, não de especulação, e a situação é agora bastante aberta. Não há dúvida que este sistema seria muito difícil de manter se não fosse o financiamento secreto dos vários projectos patrocinados e promovidos pelos EUA, que estou a expor para além da conspiração.

Capítulo 12

Revelado o programa secreto de despesas extra-orçamentais dos EUA

A Lei da Reserva Federal é o que tornou os actos acima referidos tão importantes, é o controlo que dá ao Comité de 300 sobre o povo americano. Também tornou possível as guerras ilegais no Iraque, com base no facto de o governo dos EUA ter dirigido durante décadas um programa secreto de gastos e "fora do orçamento", desafiando a lei mais alta da terra, a Constituição dos EUA. Os fundamentos institucionais e políticos deste sistema de finanças secretas remontam ao comércio de ópio com a China e mais tarde com a Turquia durante os ^{séculos} 18 e 19.

O seu veículo era a British East India Company (BEIC), uma empresa privada com um alvará real. Nos finais dos ^{séculos} XIX e XX e a consolidação da indústria e da banca americanas estava firmemente sob o controlo das empresas que tinham tomado conta da economia, especialmente do complexo militar-industrial. Os grandes líderes fascistas da indústria e finanças americanas no final do século XIX eram excelentes praticantes de operações encobertas, graças à sua experiência no comércio do ópio com a China. As instituições que estabeleceram nos séculos XIX e XX e permaneceram inalteradas e são as mesmas pelas quais os seus descendentes mantêm o controlo até aos dias de hoje.

Aqui está um resumo da estrutura da economia política americana, que se ajusta melhor aos factos do que o modelo oficial. Oficialmente, o capitalismo americano caracteriza-se pela democracia, oportunidade, auto-aperfeiçoamento, mercados abertos e livres, e regulamentação construtiva para o bem público, em suma, a felicidade, ou a busca da felicidade, tal como estabelecido na Constituição dos EUA. Neste modelo, os líderes têm no coração os interesses da nação e os políticos cuidam dos seus eleitores. Infelizmente, a verdade é bastante diferente. Parte da razão pela qual os EUA são tão mal compreendidos deve-se a um sistema de educação e meios de comunicação controlados. medida que o sistema foi evoluindo ao longo das décadas, o tempo deu-lhe legitimidade em todo o espectro político. Uma vez alcançado o controlo monopolista, o proletariado ergue-se e a sua ditadura começa. Estamos a afastar-nos desse determinismo; nada acontece excepto como consequência do que os homens fazem e optam por fazer.

Na altura do ataque ao World Trade Center e ao Pentágono em Setembro de 2001, de acordo com o Gabinete de Contabilidade do Governo (GAO), o Pentágono tinha incorrido $3,4 triliões em "transacções não documentadas", ou seja, havia $3,4 triliões de dólares em transacções financeiras para as quais não havia um objectivo discernível. No dia anterior ao ataque, o Secretário da Defesa Donald Rumsfeld advertiu que a falta de controlo sobre o seu orçamento era um perigo maior para a segurança nacional dos EUA do que o terrorismo. Após os ataques, o governo deixou de divulgar publicamente informações sobre "transacções não documentadas".

O problema não se limita ao Pentágono, mas atravessa todas as agências e departamentos governamentais, desde o Departamento de Educação até ao Departamento de Defesa e ao Gabinete de Assuntos Indianos. Durante vários anos, o GAO tem vindo a compilar um conjunto paralelo de livros para o governo federal chamado "Financial Report of the United States" (Relatório Financeiro dos Estados Unidos). Este relatório tenta impor "princípios contabilísticos geralmente aceites" ao processo de informação financeira do governo, a fim de fornecer uma imagem mais clara do activo e passivo real do governo e, assim, permitir um melhor planeamento. Nem o Pentágono nem o Departamento de Habitação e Desenvolvimento Urbano (HUD), para citar apenas dois, conseguiram alguma vez passar uma auditoria GAO nesta base.

É importante notar que o governo não utiliza a contabilidade de dupla entrada para preparar as suas contas, uma prática contabilística padrão desde o século XVII que permite classificar e acompanhar as fontes e usos dos fundos para criar uma imagem precisa de uma empresa comercial (ou pública). Gerir uma máquina militar do século 21 utilizando métodos contabilísticos antiquados é uma situação anómala que tem implicações interessantes, a menor das quais é o facto de as agências governamentais não poderem, ou não quererem, explicar o que estão a fazer com o dinheiro apropriado para as suas operações pelo Congresso. Uma situação semelhante prevalece no Departamento de Habitação e Desenvolvimento Urbano (HUD). O seu principal objectivo, pelo menos por lei, é assegurar que os americanos de baixos rendimentos tenham acesso a habitação acessível, que a HUD fornece, bem como a seguros de crédito e de crédito a nível nacional. No entanto, HUD nunca compilou informação sobre as suas actividades para que ele ou qualquer outra pessoa possa ver, por localização, se as suas actividades nesse local estão a ganhar dinheiro, a perder dinheiro, ou se são simplesmente irrelevantes.

Poucos americanos provavelmente sabem que a Lockheed Martin, fabricante do caça de superioridade aérea F22, é também uma grande empreiteira externa que fornece sistemas de controlo financeiro e de contabilidade ao Pentágono. Pelo seu lado, o Pentágono é o maior cliente da Lockheed Martin. Este exemplo está longe de ser único. A Lockheed é também proprietária de uma subsidiária contratada pela HUD para gerir habitações em cidades americanas, uma diversificação invulgar para uma empresa cuja maioria dos negócios é com as agências militares e de inteligência.

Da mesma forma, a Dyncorp (recentemente adquirida pela Computer Sciences Corporation) é outro empreiteiro que, tal como a Lockheed, obtém a quase totalidade das suas receitas de contratos de segurança governamental e militares. É também um contratante que fornece tecnologia de informação a várias agências governamentais, incluindo o Pentágono, HUD, a Securities and Exchange Commission (SEC) e o Departamento de Justiça. No Departamento de Justiça, gere o software de gestão de processos utilizado pelos advogados do departamento para gerir as investigações.

Este é um excelente exemplo de uma conspiração aberta, ou dito de outra forma, uma situação que vai muito além de uma conspiração. Um exemplo de sobreposição de interesses é o de Herbert 'Pug' Winokur. Não só fez parte da direcção da Dyncorp, como também foi o director da Enron responsável pelo comité de gestão de risco dessa empresa, e membro de longa data da Harvard Management Corporation, que investe em projectos da HUD. AMS Inc, uma empresa de software informático contratada pela HUD em 1996 para gerir o seu software interno de contabilidade e controlo financeiro, presidiu a uma explosão de quase 76 mil milhões de dólares em transacções não documentadas em dois curtos anos. O AMS violou as práticas fiduciárias e de controlo ao instalar o seu próprio equipamento e software sem paralelismo com o software e sistema de contabilidade antigo.

Nesses mesmos dois anos, a gestão da HUD mais do que triplicou o volume de empréstimos e seguros que passam pelo sistema. Qualquer pessoa familiarizada com a gestão de tais sistemas num banco ou companhia de seguros compreende imediatamente que uma tal decisão (pois tinha de haver uma decisão) resultaria em enormes perdas. É incompetência ou intenção? Só os ingénuos acreditariam na incompetência. A recompensa para Charles Rossotti, Presidente da AMS, era ser nomeado Comissário da Receita Federal (IRS) no Departamento do Tesouro, um cargo a partir do qual supervisionou grandes alterações ao contrato do Tesouro com a AMS. Ele foi um beneficiário directo destas mudanças, pois uma renúncia especial da Casa Branca permitiu que Rossotti e a sua esposa mantivessem as suas acções da AMS.

A reacção de muitas pessoas aos factos acima descritos é a de os descartar como nada mais do que provas de incompetência e falta de confiança, um acidente, não uma conspiração. No entanto, através dos efeitos desta relativa abertura, os EUA passaram agora para além da conspiração para a fase do que Wells chama uma "conspiração aberta".

Empresas como IMB, AMS Lockheed, Dyncorp, SAIC e Accenture falharam em fornecer sistemas capazes de passar numa auditoria GAO. Estas manobras e as justificações do governo são uma afronta ao senso comum e pouco éticas. Como empresas do sector privado, devem passar por auditorias antes de as suas próprias contas poderem ser aprovadas e reportadas aos accionistas. No entanto, não cumprem consistentemente as mesmas normas para o governo.

Muitas vezes, o governo culpa a administração anterior, cessante. No entanto, é de notar que a nova administração Bush substituiu todos os decisores políticos superiores nomeados por Clinton, com excepção do Controlador da Moeda John D. Hawke, do Comissário do IRS Charles Rossotti (anteriormente da AMS), do Controlador Geral David Walker, e do Director da CIA George Tenet.

Em suma, as posições-chave necessárias para o controlo federal do crédito, controlo financeiro, auditoria e inteligência, de modo que a administração Bush não pode culpar a administração Clinton.

Esta transição harmoniosa entre as administrações Democrática e Republicana representa um notável consenso interpartidário e realça as verdadeiras posições de poder. Com excepção de Rossotti, todos estes homens ainda se encontravam em funções em 2004. E a Rossotti? Deixou o IRS para se tornar consultor sénior do Grupo Carlyle para a tecnologia da informação. É difícil imaginar uma mudança de posição mais simbólica e significativa. O negócio da Carlyle é capital de risco global, o que significa que investe em aquisições de empresas em todo o mundo, especializadas em fabricantes de armas e tecnologia. Os elevados níveis de transacções não documentadas na HUD e no Departamento de Defesa suscitam inevitavelmente a curiosidade. Onde está o dinheiro associado a estas transacções? Não é preciso muita imaginação para também perguntar onde é que o Grupo Carlyle obtém o dinheiro com o qual financia as suas aquisições.

A cartelização da economia dos EUA estava praticamente concluída no final da primeira década do século XX. Em 1889, o maior banqueiro americano, J.P. Morgan, convocou uma reunião na sua mansão na 5 Avenue em Nova Iorque. O seu objectivo era alcançar um consenso que permitisse aos proprietários dos caminhos-de-ferro da América fundirem os seus interesses concorrentes. Não se tratava apenas de um grupo de executivos de transportes que concordavam com os preços. Os caminhos-de-ferro também controlam os campos de carvão e as reservas de petróleo do país e estão estreitamente ligados aos maiores bancos do país.

A criação da Reserva Federal em 1914 completou este processo de consolidação. O Congresso cedeu o controlo do sistema monetário americano e do crédito federal aos bancos, reconhecendo assim formalmente o cartel. Isto colocou um número relativamente pequeno de homens em posição de fixar preços em toda a economia com um grau de controlo anteriormente desconhecido na história dos EUA.

A política externa americana e as guerras que a América travou durante o século XX (incluindo a Guerra Hispano-americana de 1898 e a actual Guerra contra o Terror) conseguiram expandir o controlo do cartel sobre a economia mundial. A Guerra Civil Americana foi travada para determinar o controlo da economia americana, não para abolir a escravatura. A maioria dos americanos explicaria os últimos 150 anos de guerra como tristemente necessários por razões fora do controlo da América. A implicação é que a América acumulou a sua posição internacional preponderante por acidente providencial e não por desenho. Argumentos a favor de um ponto de vista contrário suscitam acusações ridículas de ser uma vítima da "teoria da conspiração". Reafirmam a sua convicção de que os indivíduos e as organizações interessadas não são capazes de trabalhar em conjunto para atingir objectivos comuns.

Quando J.P. Morgan celebrou um acordo de não competição, não foi um acidente. Do mesmo modo, as guerras da América não foram acidentes; foram muito mais lucrativas do que geralmente se crê. No final da Segunda Guerra Mundial, os Estados Unidos confiscaram milhares de milhões de dólares de tesouros de guerra alemães e japoneses. O Presidente Truman tomou a decisão consciente de não o revelar ao público nem de o repatriar. Em vez disso, foi utilizado para financiar operações encobertas.

O mito popular é que os trusts foram quebrados na primeira década do século XX por causa da cruzada de Theodore Roosevelt pela classe média. Roosevelt usou certamente a sua posição pública contra "grandes empresas" para obter fundos de campanha dos homens de negócios que atacava. Talvez isto explique por que razão assinou mais tarde uma lei que revoga as sanções penais para estes mesmos homens de negócios. Esta é uma característica comum dos presidentes 'liberais' ou 'progressistas'.

O segundo Roosevelt, Franklin, é considerado o campeão dos mais desfavorecidos, que pôs fim à Grande Depressão. Foi ele quem criou o sistema nacional de segurança social, que foi (e ainda é) financiado por um imposto altamente regressivo sobre os seus beneficiários. As contribuições correspondentes das empresas foram autorizadas a ser deduzidas como despesas empresariais antes de impostos, o que apenas alargou a natureza regressiva do programa, financiando a parte das empresas a partir da perda de receitas fiscais.

Roosevelt, um político notável, obteve uma vitória esmagadora numa agenda de reformas que habilmente evitou e não conseguiu implementar. Em vez disso, declarou uma emergência económica nacional, contornando qualquer desafio constitucional ao seu poder nos tribunais. Foi rápido a ignorar a cláusula de ouro nos contratos de obrigações do Estado e criou o Fundo de Estabilização Cambial (ESF) em 1934. Ostensivamente destinado a promover a estabilidade do dólar nos mercados estrangeiros, este fundo era e continua a ser, na prática, algo bastante diferente. Não é responsável perante o Congresso e é responsável apenas perante o Presidente e o Secretário do Tesouro. É, em suma, um fundo não declarado que pode recorrer ao crédito federal.

O mecanismo servo

A criação do Fundo de Estabilização Cambial (ESF) segue a mesma lógica que a criação da Reserva Federal em 1914. Esta última, a Reserva Federal, foi também criada em resposta a uma crise: o crash de 1907. A lenda de Wall Street credita a genialidade e o patriotismo de J.P. Morgan com a salvação da nação.

De facto, o acidente e a depressão resultante permitiram a Morgan destruir os seus concorrentes, comprar os seus bens, e no processo revelar à nação e ao mundo o quão poderosos eram os bancos e a Morgan. Nem todos estão gratos e alguns exigem uma acção legislativa para colocar o sistema monetário nacional e o sistema de crédito federal sob supervisão e controlo públicos.

Numa campanha magistral de fraude política, a Reserva Federal foi criada em 1912 por um acto do Congresso para este mesmo fim. O Sistema da Reserva Federal é provavelmente a imposição mais diabólica da escravatura ao povo americano, criada por uma conspiração entre os banqueiros internacionais e os seus substitutos na Câmara e no Senado dos EUA.

Mas ao criá-la como uma empresa privada propriedade dos bancos, o Congresso cedeu efectivamente aos bancos uma posição ainda mais forte do que a que tinham tido anteriormente.

Ainda hoje, poucas pessoas sabem que a Reserva Federal é uma empresa privada que pertence aos próprios interesses que nominalmente regula.

Assim, o controlo do sistema monetário e de crédito federal nos EUA, e o rico fluxo de informação privilegiada que o acompanha, é escondido da vista do público e controlado em segredo, o que explica antes a natureza delphic do presidente do Fed.

A extensão do controlo secreto não se limitou ao financiamento. A Lei de Segurança Nacional de 1947 criou a Agência Central de Inteligência (CIA) e o Conselho Nacional de Segurança (CNS) e colocou o controlo dos três serviços armados sob o mesmo tecto no Pentágono. Isto só alargou o princípio do sigilo ao domínio da "segurança nacional". Tal como a Reserva Federal, a CIA foi isenta da divulgação pública do seu orçamento e do controlo orçamental sobre toda a comunidade de informações, enquanto que o Conselho de Segurança Nacional foi criado como um órgão de decisão política separado dos órgãos de decisão política do Estado existentes, tais como o Departamento de Estado e os comandos militares que respondem directamente ao Presidente.

A Lei da CIA de 1949 criou um mecanismo orçamental que permite à CIA gastar tanto dinheiro quanto desejar "sem ter em conta as disposições legais e regulamentares relacionadas com as despesas dos fundos governamentais". Em suma, a CIA tem uma forma de financiar qualquer coisa - legal ou ilegal - por detrás da protecção da Lei de Segurança Nacional.

Tendo criado os meios burocráticos para conceber e desenvolver políticas em segredo, o passo seguinte foi criar os meios para as implementar. A principal questão era como controlar o fluxo de dinheiro na economia nacional. A solução do governo foi a de assumir uma posição dominante nos mercados de crédito.

Para este fim, criou primeiro a Autoridade Federal de Habitação em 1934 (o precursor da HUD e agora parte da HUD), depois a Ginnie Mae e finalmente a Fannie Mae e Freddie Mac, que são Empresas Patrocinadas pelo Governo (GSEs) para fornecer financiamento hipotecário e seguros aos compradores de casas. O objectivo político subjacente é mais subtil. Combinados com o poder da Reserva Federal (ou seja, do cartel) para fixar o preço do dinheiro, o FSE, os GSEs e, mais recentemente, o Departamento de Habitação e Desenvolvimento Urbano (HUD) provaram ser uma força poderosa na regulação dos fluxos monetários e da procura na economia dos EUA.

O exército foi também reformado com a adopção, pela primeira vez na história americana, de um orçamento militar e de uma estrutura de forças em tempo de paz. No início da década de 1960, esta estrutura foi refinada pela adopção de um processo explícito de aquisição de custos adicionais. A justificação para este processo foi, como habitualmente, a segurança nacional.

Este orçamento militar revelou-se tão eficaz na regulação do sector industrial como o controlo das finanças imobiliárias na regulação do crédito. Em conjunto, conferem um controlo virtual sobre a economia, como convencionalmente medido em termos de produto interno bruto (PIB) monetário. Uma breve reflexão sobre a estrutura institucional acima descrita deixa clara a importância central do crédito federal na sua tomada firme. O governo federal garante aos GSEs, fornecendo-lhes uma linha de crédito subsidiada pelo Tesouro. Um outro subsídio indirecto, sob a forma de menores custos de empréstimo, decorre da crença do mercado de que isto constitui uma garantia implícita do governo da sua solvência.

Embora este tópico seja controverso de tempos a tempos, a verdade é que os GSEs não são as únicas empresas a receber apoio governamental.

Desde o fracasso do Continental Illinois no início da década de 1980, o governo sinalizou informalmente o seu apoio ao sistema bancário. Isto foi tornado ainda mais explícito com o salvamento do Citibank no início dos anos 90 e o subsídio implícito que todo o sector bancário recebeu em resultado disso. As instituições financeiras também não são as únicas a beneficiar deste tipo de apoio. A Lockheed Martin e a Chrysler foram ambas salvas da insolvência pelo contribuinte no passado, presumivelmente devido aos seguintes factores: o seu estatuto como grandes empreiteiros de defesa. Tal sistema dá grande importância ao tamanho, quanto mais não seja pelo que o sistema bancário chama, alegre e pouco convincentemente, a doutrina "demasiado grande para falhar".[7] Mas também para as empresas industriais, há um valor significativo em ter uma relação contratual com o Pentágono. Não só existe o "nirvana" económico do contrato cost plus, mas, se for suficientemente grande, o seu risco comercial fundamental é garantido por razões de segurança nacional. Assim, as empresas tendem a migrar os seus negócios para

---

[7] "Demasiado grande para falhar", NDT.

mercados militares e não para mercados puramente civis; hoje em dia, a Boeing Company é um excelente exemplo deste fenómeno. E o resultado é que sector após sector de empresas civis foram empurradas para a insolvência ou aquisição pelas próprias entidades que supostamente as devem proteger.

A dinâmica dos contratos cost-plus é tal que os lucros aumentam à medida que os custos aumentam. Isto explica em grande parte a dimensão dos orçamentos militares dos EUA, que têm crescido inexoravelmente ao longo dos anos, mesmo com o declínio da prontidão militar. Mas, como vimos, as perdas em termos de menor produtividade são sentidas em grandes faixas da economia, uma vez que a concorrência de contratos não-militares é evitada ou adquirida.

É evidente que estas perdas na economia real têm de ser financiadas, o que produz uma maior procura de crédito do que seria de outro modo o caso. Dado o declínio da produtividade e a diminuição da base de produção, era inevitável que a dada altura as exportações líquidas se tornassem negativas, uma situação que os EUA entraram em 1982 e que se intensificou desde então. Actualmente, a dívida externa líquida dos EUA é de cerca de 3.000 mil milhões de dólares (30% do PIB) e está a crescer a uma taxa de cerca de 500 mil milhões de dólares por ano (5% do PIB).

O financiamento de uma tal necessidade de empréstimos estrangeiros sem depreciação cambial requer tanto a capacidade de controlar os fluxos de caixa internos tanto quanto possível como a cooperação de pelo menos alguns países estrangeiros chave para conseguir o mesmo tipo de controlo sobre os fluxos de caixa internacionais. Neste último caso, isto assume, em parte, a forma de uma crescente intervenção dos países com excedentes de dólares e fortes posições líquidas de exportação para evitar que os mercados empurrem o dólar para baixo.

Na prática, isto significa que estão a acumular cada vez mais dólares, que por sua vez investem em títulos do Tesouro dos EUA. Os estrangeiros detêm agora cerca de 45% da dívida pendente do Tesouro dos EUA. Em Janeiro, o Banco do Japão interveio nos mercados cambiais em nome do Ministério das Finanças japonês, comprando um total de 69 mil milhões de dólares só nesse mês, mais de 30% do total da sua intervenção em 2003, o que por si só foi um ano recorde.

Tudo isto pode parecer ter pouco a ver com o orçamento negro, que a maioria das pessoas associa a operações de inteligência 'negra'. A verdade, porém, é que o orçamento negro não pode ser compreendido isoladamente sem se compreender o contexto político, histórico e económico de onde ele surge. Uma maneira de o compreender é comparar tendências. Por exemplo, em 1950, a Dow Jones Industrials era de 200, e hoje a Dow é de 10.600. Em 1950, o tráfico de droga era um crime relativamente desconhecido nos EUA. Hoje em dia, é galopante, e não apenas nas cidades, mas também nas pequenas cidades e comunidades rurais. Em 1950, os EUA possuíam a maior parte do ouro do mundo e eram o maior credor do mundo. Hoje em dia, é o maior devedor do mundo. Em 1950, os EUA eram um grande exportador de bens industriais para o resto do mundo. Com base nas tendências actuais, os EUA não são auto-suficientes em bens manufacturados e nem sequer terão uma indústria transformadora decente até 2020.

Existe uma ligação entre estas tendências ou são aleatórias? Pode parecer estranho pensar numa correlação positiva entre o tráfico de droga e a bolsa de valores, mas considere o seguinte: no final dos anos 90, o Departamento de Justiça dos EUA estimou que o produto do tráfico de droga que entrava no sistema bancário americano valia entre 500 biliões e 1 bilião de dólares por ano, ou mais de 5-10% do PIB. Os produtos do crime devem encontrar uma forma de entrar em canais legítimos, isto é, legais, caso contrário não têm qualquer valor para os seus titulares. Se também se assumir que o sistema bancário recebe uma comissão de 1% pelo processamento deste fluxo (bastante baixa se se considerar que o branqueamento de dinheiro é um mercado de vendedores), os lucros que os bancos obtêm desta actividade são da ordem dos 5 a 10 mil milhões de dólares.

Uma razão para o silêncio da Reserva Federal é que as agências do próprio governo estão envolvidas no tráfico de droga há mais de sessenta anos. Para compreender o orçamento negro, é preciso estar ciente da prática norte-americana de abertura do mercado de consumo de drogas dos EUA aos exportadores estrangeiros, a fim de prosseguir objectivos estratégicos no estrangeiro.

A portabilidade dos narcóticos e o aumento considerável dos preços entre a produção e o ponto de venda fazem deles uma fonte de financiamento particularmente útil para operações encobertas. Mais importante ainda, as receitas da venda de drogas estão completamente fora dos canais de financiamento convencionais e constitucionais. Isto explica em parte a omnipresença do tráfico de droga em zonas de conflito em todo o mundo, desde a Colômbia até ao Afeganistão.

O impacto do tráfico de droga nas comunidades e economias no ponto de venda, no entanto, é pouco estudado. Considerar, por exemplo, o impacto nos mercados imobiliários e serviços financeiros. O sector imobiliário é um sector atractivo para empregar o excesso de dinheiro proveniente da venda de drogas porque, como indústria, é totalmente desregulamentado no que diz respeito ao branqueamento de dinheiro. Como o dinheiro é um método de pagamento aceitável e, em alguns lugares, familiar, grandes somas podem ser facilmente descartadas sem grandes comentários. Isto pode e leva a uma considerável distorção da procura local e, por sua vez, alimenta a especulação imobiliária e o aumento da procura de crédito para a financiar, bem como oportunidades consideráveis de especulação e fraude.

O episódio Iran Contra dos anos 80 continha todos estes elementos; enquanto muitos estão familiarizados com a venda de armas ao Irão para financiar a guerrilha apoiada pela CIA na Nicarágua e esquadrões da morte em El Salvador, menos conhecido é o saque sistemático das instituições financeiras locais e a venda de drogas aos EUA. E quando um banco falha, os accionistas, os depositantes não segurados e o contribuinte pagam a conta.

A questão é que o tráfico de droga cria um ambiente em que os incentivos ao envolvimento em actividades não económicas são maiores do que os incentivos ao envolvimento em actividades económicas. Em suma, os lucros do roubo são mais elevados do que os do cumprimento.

O que importa de uma perspectiva de política pública na economia cartelizada é a capacidade de controlar e concentrar fluxos de caixa de qualquer tipo. Para este fim, é menos importante que um banco falhe do que que que o crédito federal esteja disponível para compensar as perdas. Ao fazê-lo, o custo monetário das perdas é transferido, ou socializado, para a base de contribuintes nacionais. Por conseguinte, enquanto houver credores dispostos ao governo federal, o jogo pode continuar. Uma breve introdução à Reserva Federal como empreendimento criminoso através dos olhos do Congressista Louis T. McFadden, que já foi presidente do Comité Bancário da Câmara, pode revelar-se esclarecedora:

> *Não há aqui um homem que não saiba que o sistema do Banco da Reserva Federal é a maior burla alguma vez concebida pelo homem!*

Assim disse um grande patriota americano, o falecido Congressista Louis T. McFadden, um corajoso estadista que lutou contra o cancro monstruoso da nação americana ao longo dos seus anos no Congresso. Este corajoso patriota é um dos grandes heróis da América, um homem que pagou com a sua vida por ousar falar contra a escravatura monetária flagrante imposta pela Lei da Reserva Federal de 1913 à nação que amava.

Foram feitas duas tentativas à vida de McFadden, mas falharam: a primeira foi quando lhe foram disparados tiros quando saiu de um táxi à porta de um hotel em Washington. Ambos os tiros falharam, com as balas alojadas no corpo do táxi em vez da vítima pretendida. A segunda tentativa da vida de McFadden foi feita com a taça envenenada. Felizmente para McFadden e para a nação americana, um médico esteve presente num jantar a que assistiu. O médico conseguiu bombear o seu estômago e arrancar McFadden das mandíbulas da morte a tempo. A terceira tentativa também foi feita através do corte do veneno: desta vez foi bem sucedida. Estranhamente, a certidão de óbito enumera a causa da morte como "insuficiência cardíaca".

> O que constitui o sistema bancário central corrupto, e quem são os homens que o gerem?

> Quem são estes homens que mantêm o povo americano em escravatura?

> Quem são as pessoas que conseguiram contornar a Constituição dos EUA?

> Quem são estas pessoas que gozam com o 4 de Julho?

Neste livro, tento lançar luz sobre estes homens sombrios e sinistros e o seu sistema bancário "Puta da Babilónia", que todos os membros do Congresso parecem temer.

Quando os conspiradores da Reserva Federal conseguiram fazer aprovar a sua monstruosa lei e quando a 16 Emenda foi adoptada, foi encerrado o capítulo de anos de conspiração para estabelecer o método mais terrivelmente eficiente de exploração e roubo do povo americano jamais conhecido na história da humanidade.

Os esforços concertados de um grupo de homens sem escrúpulos para derrubar as disposições da Constituição dos Estados Unidos da América foram recompensados com a aprovação da Lei da Reserva Federal, que colocou o poder financeiro e a tirania nas mãos de uns poucos homens sem rosto. É fútil e até tolo falar de liberdade e justiça enquanto o sistema bancário da Reserva Federal estiver vivo e de boa saúde. Não temos liberdade nem justiça enquanto a Reserva Federal se mantiver em vigor. Somos escravos num sentido muito real, porque não é verdade que cada um de nós deve à Reserva Federal mais de 23.000 dólares? É o que eles dizem! Estamos a ser sobrecarregados pela chamada "dívida nacional"?

Se a resposta for "sim", então somos de facto escravos. O sistema do Federal Reserve Bank está construído em torno de doze bancos privados. Vários bancos foram inteligentemente reclassificados para que nunca possa ser chamado de "banco central", mas ninguém foi enganado por tal engano!

O monopólio bancário privado conhecido como Reserva Federal colocou a América nas mãos de um mestre de tarefas mais hediondo, muito pior do que os mestres de tarefas dos Faraós do antigo Egipto. Certamente o mais condenável desrespeito do dever por parte do Congresso ocorreu em 1913, quando este deu o poder da vida e da morte sobre o povo americano a um grupo de homens que o grande escritor H.L. Mencken descreveu como "patifes de baixa vida".

Os Bancos da Reserva Federal (conhecidos como Fed) são modelados na "velha senhora de Threadneedle Street" (o Banco de Inglaterra) cujo arquitecto chefe, J.P. Morgan, foi sempre o agente fiscal da monarquia europeia. A dinastia bancária construída pelo "velho John P" ainda representa os Fondi, ou seja, as antigas famílias reais e os seus primos venezianos da nobreza negra. Esta é ainda, em grande parte, a situação em 2007.

O Fed pôde colher lucros enormes todos os anos e não foi constitucionalmente desafiado até que McFadden aparecesse. Em 1930, McFadden processou a Reserva Federal pela devolução de 28 mil milhões de dólares, que alegou ter sido roubada ao povo americano. O ataque de McFadden aos portais sagrados do Fed enviou ondas de choque através de Wall Street. Foi visto como um desafio inconveniente à dinastia Rothschild, fundada por Meyer Amschel Rothschild, cuja maior realização foi instalar o seu agente, August Belmont (um nome assumido), à frente dos assuntos fiscais e monetários da nação mais poderosa do mundo. Outro agente Rothschild foi Alexander Hamilton (também um pseudónimo) que apareceu na cena de Washington e Nova Iorque a partir das Índias Ocidentais.

Hamilton, na realidade um agente dos serviços secretos britânicos, assumiu rapidamente o controlo das políticas monetárias dos EUA com a plena cooperação e apoio da Belmont. Hamilton e Belmont conseguiram insinuar-se nos círculos bancários de Wall Street e na alta sociedade de Nova Iorque num período de tempo surpreendentemente curto. Juntos, Hamilton e Belmont ajudaram a lançar as bases do que viria a ser o maior estado escravo jamais conhecido pelo homem, os

Estados Unidos da América. Ninguém parecia importar-se que "o Fed" não fosse um banco de reserva no verdadeiro sentido da palavra, e como tal era um esquema gigantesco e um embuste.

Isto foi possível graças a uma política deliberada de nunca ensinar sequer os princípios básicos do dinheiro nas nossas escolas e universidades, o que, combinado com ameaças e intimidação, é suficiente para tornar o dinheiro "misterioso" e supostamente difícil de compreender. Um Congresso sem líderes e sem espinha só contribuiu para a falta de compreensão dos conceitos básicos de "dinheiro".

O Congresso ainda hoje se encontra em flagrante incumprimento do dever, pois permite que o Fed se perpetue à custa do povo americano, sabendo muito bem que o Fed é uma instituição ilegal. Como é que um pesadelo tão aterrador se tornou uma realidade? Como começou tudo isto? Como é que os bancos centrais da Europa conseguiram subverter a Constituição dos EUA - que tanto odiavam - aparentemente sob o nariz do Congresso, que foi supostamente eleito para a defender? Como foi que os homens maus conseguiram ultrapassar a única disposição da lei americana, que existia para proteger o povo americano dos "patifes sem escrúpulos" dos bancos centrais da Europa?

Tendo colocado os seus representantes em posições-chave na Câmara e no Senado, os banqueiros europeus, os conspiradores, moveram-se rapidamente para consolidar a cabeça de praia que tinham estabelecido.

O único homem que viu do que se tratava era o Presidente Andrew Jackson. Eleito com a promessa de que fecharia o Segundo Banco dos Estados Unidos, o precursor dos actuais Bancos da Reserva Federal, o Segundo Banco dos Estados Unidos foi forçado a Madison e aos republicanos em 1816, após anos de implacável pressão de Wall Street. Tal como o First United States Bank, que tinha uma carta de 20 anos, o Second United States Bank era também um banco privado, não oferecendo quaisquer benefícios ao povo americano. O seu único objectivo era enriquecer os accionistas do banco à custa do povo americano, um facto que Jackson rapidamente notou.

Jackson condenou abertamente o banco, e a sua estratégia de proibir o depósito de dinheiro do governo no Segundo Banco dos Estados Unidos foi devastadoramente bem sucedida. Os seus ataques ao banco e aos seus accionistas foram rápidos e inéditos na história da banca nos Estados Unidos. Nisto, Jackson gozou do apoio da maioria do povo americano, e quando concorreu à reeleição, foi devolvido à Casa Branca num esplendor de glória. Ganhou uma grande vitória para o povo americano e rapidamente vetou uma lei aprovada pelo Congresso que teria prolongado a vida do segundo Banco dos Estados Unidos.

Jackson era extremamente popular entre o povo. A dívida nacional foi extinta e o governo conseguiu gerir um excedente. Jackson ordenou que 35 milhões de dólares do excedente da nação fossem distribuídos entre os Estados, o que era a intenção dos autores da Constituição. Preocupantemente, mesmo em 1832, o banco foi aprovado pelo Congresso. Desde então, a Câmara e o Senado recusaram-se a encerrar a Reserva Federal, e assistimos regularmente ao espectáculo dos nossos legisladores a submeterem-se ao presidente "Fed", seja ele quem for, de Arthur Burns a Alan Greenspan.

É angustiante ver a forma como os legisladores puxam o seu empate colectivo cada vez que o presidente "Fed" é chamado a testemunhar perante as comissões. Nunca esquecerei um incidente em particular onde Volcker se sentou e soprou fumo de charuto na cara dos membros da comissão, enquanto o Senador Jake Garn, de Utah, fez-lhe uma vénia generosa. Mas os senadores da comissão simplesmente fizeram vista grossa ao que Volcker representava, ajudando assim a manchar a Constituição que juraram defender.

A Constituição é muito clara sobre quem deve controlar o dinheiro:

O artigo 1, Secção 8, parágrafo 5 declara:

"... Que só o Congresso terá o poder de cunhar dinheiro, de regular o seu valor e o das moedas estrangeiras".

Ele continua:

"Nenhum Estado deve fazer das moedas que não sejam ouro e prata um meio de pagamento de dívidas".

Em parte alguma a Constituição permite que o Congresso delegue a sua autoridade. A questão candente em cada eleição deveria ser a continuação da existência do Conselho da Reserva Federal e cada candidato a qualquer cargo deveria ser obrigado a assinar uma promessa de que votará para abolir a Reserva Federal se for eleito, tal promessa deveria ser legalmente vinculativa. O não cumprimento deste compromisso deve ser motivo para a destituição do cargo.

As pessoas responsáveis por trazer o Fed para as costas americanas pertencem a uma galeria de velhacos. Salmon P. Chase, J.P. Morgan, Alexander Hamilton, Coronel Mandel House, Aldrich Vreeland, A. Piaff Andew, Paul Warburg, Frank Van der Lip, Henry P. Davison, Charles D. Norton, Benjamin Strong, Presidente Woodrow Wilson, Arsène Pujo e Samuel Untermeyer, para citar apenas alguns candidatos dignos.

Estes homens e os seus aliados de Wall Street causaram mais danos à jovem nação americana do que qualquer exército estrangeiro que atacasse as nossas costas poderia alguma vez fazer. Se fôssemos invadidos e derrotados por uma potência estrangeira, não poderíamos ser mais escravizados do que somos agora, menos livres, com menos razões para acreditar no futuro da América previsto pelos nossos Pais Fundadores. Somos apanhados por uma fraude monstruosa de proporções tão imensas que homens razoáveis se recusam a acreditar nisso. O grande patriota americano William Jennings Bryan pronunciou-se contra esta nova forma de escravatura e condenou os aristocratas do dinheiro de papel:

> *O Congresso tem o poder exclusivo de cunhar e emitir dinheiro. Exigimos que todo o papel-moeda, que tenha curso legal, seja resgatável em moeda.*

Mas tal como João Baptista, ele era uma voz que gritava no deserto. A Lei da Reserva Federal foi aprovada pelo Congresso a

30 de Maio de 1908, depois de um "pânico" cuidadosamente planeado e encenado em 1907, do qual Morgan foi o principal instigador e arquitecto. Mesmo em 2007, Morgan, através do seu chefe executivo, Dennis Weatherstone, continua a ditar diariamente a política fiscal ao Secretário de Estado, sob a bandeira britânica que sobrevoa os escritórios da Morgan em Wall Street.

A lei de 1908 intitulava-se "Aldrich Vreeland Emergency Currency Act". O próprio nome foi escolhido com a intenção de enganar o público. Não houve emergência. A propósito, Nelson Aldrich era avô de David Rockefeller, e Edward B. Vreeland era um banqueiro de Nova Iorque, que prestou voluntariamente o serviço necessário aos seus senhores, em violação do seu juramento de defender a Constituição. Assim foram lançadas as bases para a guerra contra o povo. Que ninguém leia esta mensagem e acredite no contrário. A criação do Fed foi uma declaração de guerra contra o povo dos Estados Unidos da América.

A história revela três tipos e estilos básicos de guerra. O único método directo de fazer guerra é através da religião, o que implica pedir às pessoas que esvaziem os seus bolsos para obedecerem a Deus, que normalmente se revela ter uma morada terrena. Este método é bastante falível, uma vez que a desilusão se instala muito rapidamente e é cada vez mais difícil de inverter. A guerra por conquista militar é obviamente o método mais facilmente reconhecível, mas custa muito dinheiro para manter a ocupação do país conquistado, que nunca é realmente conquistada a menos que o ódio implacável pelos invasores possa ser superado.

No caso da revolução bolchevique, da China de Mao e do Pol Pot do Camboja, isto foi conseguido através do assassinato de milhões de pessoas, que foram chamadas "contra-revolucionários e dissidentes". O mesmo acontecerá nos EUA quando chegar a nossa vez, como certamente acontecerá se continuarmos a ignorar o domínio esmagador do "Fed". Se não começarmos a desviar as nossas energias dos opiáceos da televisão e das drogas do desporto de massas, estamos assegurados de um lugar na história como a maior nação a ser subjugada na história do mundo.

A terceira e talvez a forma mais eficaz de guerra é a guerra económica. É correcto dizer que todas as guerras são de origem económica. As guerras estão enraizadas na economia e sempre estiveram. Neste caso, a população conquistada é mais dócil e cooperativa em relação aos seus captores. Gozam de uma certa liberdade de movimento, de religião, de reunião, e até se submetem à farsa de eleger representantes de dois em dois ou de quatro em quatro anos. O que temos hoje na América não é um sistema bancário, mas uma aberração do mesmo, no qual o roubo em grande escala é praticado.

O sistema é completamente pervertido e gerido por vigaristas em fatos de negócios, sentados em escritórios em painéis onde escondem as suas identidades do povo americano. Hoje, 85 anos após o sistema bancário da Reserva Federal ter sido imposto pelo Congresso, os nomes dos homens que controlam as finanças da nossa nação ainda são desconhecidos para nós. Nestes dias de "governo aberto" e uma abundância de leis que proíbem portas fechadas nos assuntos públicos, estes alcatifas[8] ainda são capazes de conduzir o negócio bancário da nação em segredo! Como é possível que nós, o povo, toleremos uma situação permanente em que não temos forma de saber quem são estes homens e, portanto, nunca somos capazes de os responsabilizar? O direito de cunhar dinheiro e regular o seu valor pertence exclusivamente ao povo, no entanto continuamos, ano após ano, a permitir que estes ladrões continuem a manter a nação como refém.

Os Estados Unidos conduzem os seus assuntos monetários e fiscais com dinheiro sem valor em livro de cheques e obrigações da Reserva Federal. O dinheiro real, a moeda da nação, foi

---

[8] "Carpetbaggers" é um termo depreciativo para os banqueiros-comerciantes-utilizadores que assumiram o sistema monetário das nações.

sempre emitido pelo governo numa era que agora parece ter terminado. Agora passou para as mãos de ladrões de alta patente. Através de um livro razão, a Reserva Federal cria dinheiro do nada, depois empresta-o ao Tesouro dos EUA a uma taxa de usura que sufoca rotineiramente a nação. O que aconteceu à lei bíblica de que a usura é um crime capital? A guerra económica travada contra o povo desta nação atingiu um ponto em que, se não a travarmos, se seguirão enormes mudanças no nosso modo de vida. Já somos um povo escravizado; tudo o que resta é que os senhores da Reserva Federal o tornem oficial.

Em 1910, os conspiradores sentiam-se suficientemente fortes para agirem contra o povo americano insuspeito. O comboio selado partiu na noite de 22 de Novembro de 1910 para preparar o terreno. Tal como Lenine, eles pensavam que um comboio selado era a melhor forma de alcançar o anonimato total. O comboio selado deixou Hoboken, Nova Jersey, com destino à ilha de Jekyll, ao largo da costa da Geórgia.

Nunca na história um inimigo tão formidável se empenhou em travar uma guerra contra uma nação insuspeita. As suas armas eram traição, sedição, mentiras e engano. Liderado pelo Senador Nelson Aldrich, o grupo consistia em A. Piatt Andrew, Secretário Adjunto do Tesouro, Charles D. Norton em representação do First National Bank of New York, Frank Van Der Lipp do National City Bank of New York, Henry P. Davison do J.P. Morgan, Paul Moritz Warburg, Benjamin Strong e vários jogadores bancários mais pequenos. O projecto em que estavam a embarcar era tão hediondo, a causa tão profunda, que ouso sugerir que excederia a dor e o sofrimento de qualquer guerra em que os Estados Unidos tenham estado envolvidos.

A primeira indicação do grupo e da sua reunião na Ilha Jekyll encontra-se num artigo publicado por E.C. Forbes em 1916. Nenhum dos participantes da Ilha Jekyll escreveu sobre o seu projecto. Embora Carter-Glass, Warburg, e House tenham escrito volumes sobre a sua criação Frankenstein, nenhum deles revelou o papel que desempenharam no enredo para roubar ao povo americano o seu património. Não há dúvida de que o espírito condutor e a mão guia foi Paul Moritz Warburg, pois ele tinha a experiência de banco central europeu que faltava aos outros.

Aldrich era, na minha opinião, apenas um mensageiro conveniente de Warburg para o Senado. A sua única razão para estar incluído na conspiração da Ilha Jekyll foi a vontade que demonstrou de elaborar legislação e executar as ordens de Warburg e dos banqueiros de Wall Street.

Ferdinand Lunberg, no seu livro "*Sixty Families*" *(Sessenta Famílias)*, disse:

> "A longa conferência de Jekyll Island foi conduzida numa atmosfera de elaborado segredo. A viagem à Geórgia foi feita num carro particular fretado por Aldrich e pelos viajantes, tudo de tal forma que a tripulação do comboio não pôde estabelecer a sua identidade. Durante muito tempo acreditou-se que nenhum conclave tinha tido lugar. Os financiadores queriam um banco central no modelo europeu para facilitar a manipulação em grande escala da economia nacional.
>
> O desejo era de um instrumento que funcionasse como o Banco dos Estados Unidos tinha feito, o qual tinha sido demolido por Andrew Jackson porque concentrava demasiado poder em mãos privadas. O veterano Nelson Aldrich apresentou um cenário concebido pelos "caçadores de patos" da Ilha Jekyll, que foi imediatamente rotulado como uma empresa nefasta de Wall Street e que até agora não deu em nada."

A tarefa da administração Wilson era essencialmente de colocar a medida no livro de estatuto, mas com um disfarce peculiar. A tarefa de elaborar tal projecto de lei foi confiada à Warburg, um dos banqueiros mais experientes do grupo conspiratório. Warburg colaborou com os grandes financiadores de Wall Street, como revelam as suas memórias, e quando foi necessário o conselho da administração, conferiu-o ao Coronel Edward M. House.

O esquema de Wall Street, revisto superficialmente por Wilson e Carter Glass, era apenas o projecto do caçador de patos da Ilha Jekyll para um banco central vestido com ornamentos. Encontrou alguma oposição por parte dos não informados em Wall Street, mas foi amplamente apoiada pela Associação Bancária Americana. Na prática, o Federal Reserve Bank of New York tornou-se a cabeça-de-ponte de um sistema de doze bancos regionais. Os outros onze foram mausoléus criados para resolver o problema de um banco central e para acalmar os receios jacksonianos no interior e contornar a restrição constitucional contra um único banco central.

Pode-se imaginar algo mais humilhante do que os grandes Estados Unidos, determinados a serem livres, e que passaram por uma grande guerra com a Inglaterra para atingir o seu objectivo, devem agora ser enganados por um grupo de banqueiros traiçoeiros? Como já disse noutros locais, e noutras publicações minhas, as mulheres e crianças americanas são forçadas a ir trabalhar em número cada vez maior, por cada vez menos pagamento por ano, enquanto os seus maridos e pais desiludidos e desempregados são forçados a ficar em casa porque não há trabalho para eles. O divórcio está a aumentar, tal como a morte de crianças não desejadas por nascer. O aborto tornou-se um matadouro legal, gerando muito dinheiro para aqueles que gerem as valas comuns. Tudo isto é trabalho do Comité dos 300 e dos seus lacaios que são traidores e sedicionistas, que desrespeitam a Constituição.

A mudança dos velhos tempos, quando apenas a "coroa" podia emitir dinheiro substituindo a teologia por métodos científicos, e a filosofia perdeu o seu lugar para a corrupção e o pragmatismo, disfarçado de métodos bancários modernos. Permitimos que os bancos criassem algo a partir do nada. O que é que o homem alguma vez criou? A resposta é, para além de "dinheiro", exactamente nada. Criar meios para fazer algo, que antes não existia. O que é que vemos quando se trata de papel-moeda? O nosso governo diz que é uma moeda com curso legal. Mas é um papel sem valor no qual foi escrita uma série de denominações, para que possa ser "trocada" por algo de valor real, como uma casa, por exemplo. Mas mesmo uma casa ou uma casa não é criada.

É construído pelo homem usando o seu engenho para alterar a forma de certas substâncias já existentes, substâncias como argila, sílica, tábuas de madeira, combinadas com o seu trabalho para obter um produto acabado. Custa algo para construir uma casa, mas custa aos nossos senhores escravos do "Fed" quase nada para "criar dinheiro". De facto, o único custo é o custo de impressão, e mesmo este é em grande parte suportado por alguém que não a Reserva Federal. Portanto, não é difícil ver quão injusto e injusto é o que a Bíblia chama de "a puta da Babilónia".

Podemos passar sem dinheiro? A resposta é não, mas pela mesma razão, o fazedor de dinheiro - o homem que, pela sua engenhosidade e trabalho árduo, construiu a casa - deveria ser - mas não é - amplamente recompensado.

A única forma de reequilibrar esta desigualdade é tirar o poder de criar dinheiro (por oposição a ganhá-lo) das mãos dos familiares dos bandidos dos comboios selados da Ilha Jekyll. Se não o fizermos, e se não dermos ao Congresso o poder de criar dinheiro de volta, seremos uma nação condenada. Quando Woodrow Wilson foi chantageado para assinar a Lei da Reserva Federal sob a compulsão da exposição das cartas de amor de Peck, nós, como nação, perdemos os nossos direitos e liberdade inalienáveis. Aquele dia de infâmia quando tantos dos nossos legisladores decidiram que era mais importante estar em casa para o Natal do que ficar de guarda contra os piratas bárbaros na Ilha Jekyll foi de facto um dia de infâmia incomparável com Pearl Harbor.

"O que é tão mau, o que é que se passa com o Fed? "Perguntam-me frequentemente. Para começar, tudo isto é uma mentira monstruosa: não é uma instituição governamental e é ilegal porque a mais alta autoridade legal da nação, a Constituição, diz que é ilegal. Isso faz de todos nós fora-da-lei, vivendo numa sociedade fora-da-lei. A Reserva Federal rouba milhares de milhões de dólares aos produtores de riqueza real, impondo pagamentos de usura (juros), extorquindo dinheiro aos produtores de riqueza através de pagamentos de usura (juros).

O resultado final é que nós, o povo, somos forçados a pagar a um grupo de banqueiros desconhecido e sem rosto milhares de milhões de dólares em dinheiro de tributo.

Estamos a pagar a um grupo de bandidos sem rosto milhares de milhões em juros sobre dinheiro que somos obrigados a pedir emprestado às próprias pessoas a quem o damos obrigatoriamente de graça em primeiro lugar. Pior ainda, ao fazê-lo, estamos a dar a estes banqueiros os meios e recursos para orientarem a nossa economia na direcção que o Comité considera desejável.

Capítulo 13

O golpe de Estado da Reserva Federal

Em 1929, os Estados Unidos eram um país próspero, apesar da desastrosa Primeira Guerra Mundial para onde Wilson o tinha arrastado. O país tinha todas as competências, recursos naturais e engenho para fazer dele uma verdadeira grande potência industrial no mundo. As terras agrícolas eram abundantes e férteis, o nosso povo estava disposto a trabalhar arduamente e por muito tempo para produzir verdadeira riqueza sob a forma de bens e serviços. Mas aqueles que participaram na venda da nação na Ilha Jekyll não ficaram satisfeitos. A ganância dominou-os. Ao fazer descarrilar a economia aqui e ali, o Comité dos 300 conseguiu destruir o sonho americano ao organizar uma grave escassez da oferta de dinheiro. Os Estados Unidos nunca foram escravizados por um exército invasor ou atingidos pela fome e por epidemias. Seja o que for que tenha acontecido, nós conseguimos lidar com isso. Mas então os fornecedores de dinheiro decidiram cortar o fornecimento de dinheiro quando este era mais necessário para sustentar o sangue da nação.

O que aconteceu como resultado? O nosso país foi dizimado. A cidade cultural de Dresden não sofreu tanto com o bombardeamento assassino de Winston Churchill na Segunda Guerra Mundial como a América sofreu com a Depressão de 1929-1930.

Os Bancos da Reserva Federal, deliberadamente e com intenção maliciosa, retiraram 8 mil milhões de dólares da oferta monetária, atirando 25% da mão-de-obra para fora do trabalho. Negaram crédito e empréstimos a agricultores e homens de negócios. Depois, quando ninguém podia pagar, apreenderam a verdadeira riqueza da nação: casas, quintas, propriedades e equipamento.

Por outras palavras, o Federal Reserve Board, a entidade ilegal, criada por um golpe de estado em tempo real, privou a nação da sua verdadeira riqueza em bens e serviços ao apertar o fornecimento de dinheiro, permitindo-lhe agarrar bens imobiliários por uma ninharia durante o crash pós-Wall Street nos EUA. Isto pode acontecer novamente em qualquer altura. A maquinaria, que permitiu que a Reserva Federal nos roubasse, ainda hoje se encontra intacta, como era em 1929. Claro, foi para isso que foi concebido.

A Reserva Federal nunca foi auditada. O Gabinete Geral de Contabilidade (GAO), o cão de guarda das despesas governamentais, nunca foi autorizado a fazê-lo. Sob pressão de McFadden, o GAO fez um esforço para auditar a Reserva Federal. A equipa de auditoria foi parada às portas do banco por Arthur Burnseig, que se apresentou como Arthur Burns. Recusou-se a deixar a equipa de auditoria entrar no banco. Burns era Secretário do Tesouro na altura; por outras palavras, era um funcionário público, mas estava a representar para os seus senhores, a Reserva Federal privada.

Não quero transformar este artigo num discurso sobre os aspectos técnicos da economia, dinheiro, moeda e banca, por isso vou tentar mantê-lo simples. A forma como o sistema bancário da Reserva Federal está instalado permite que o banco obtenha lucros enormes às nossas custas. Isto é, de facto, o cerne de todo este exercício.

Olhe para os factos e verá que as cartas estão empilhadas contra nós no sistema actual. O sistema monetário é caro. Cobra dinheiro (usura) para emprestar dinheiro, ou seja, dinheiro utilizado pela comunidade para criar riqueza real. Como tal, é grosseiramente ineficiente, beneficiando uns poucos e penalizando muitos. Em suma, foi concebido para criar uma escassez de dinheiro onde claramente não existe nenhum. Isto cria problemas sociais, que são continuamente agravados, tornando a nação incompatível com um bom governo, justiça social, liberdade e uma ordem social devidamente constituída.

Em tudo isto, encontrará as sementes da revolução. A revolução abre o caminho para o governo suspender as disposições da Constituição. Em breve "1984" estará sobre nós. Em nome da boa ordem, ser-nos-á dito que as nossas liberdades civis devem ser suspensas. Podemos facilmente ver como fomos levados para uma armadilha da qual não há fuga, a menos que actuemos antes de a armadilha ser lançada. O que devemos compreender é que por meios subtis, o direito inalienável de Nós, o Povo (através dos nossos representantes eleitos), foi subvertido. Ao abolir as moedas e substituí-las por dinheiro de crédito e livro de cheques, o nosso direito de emitir este dinheiro e o controlo do seu valor foi transferido para a fraternidade bancária através do seu monopólio de crédito. O efeito prático desta transferência foi colocar nas mãos de homens sem escrúpulos o poder de vetar a vontade do povo, tal como expressa pelo Congresso e pelo Presidente.

Se alguma vez houve um golpe quase perfeito, é este.

É por isso que é tão difícil atribuir a culpa. Quantas vezes já ouvimos eleitores descontentes prometerem nunca mais votar num presidente porque as suas políticas económicas não funcionaram? A verdade é que as políticas económicas de um presidente nunca têm a oportunidade de descolar.

O presidente não controla o destino económico da América. Essa prerrogativa pertence à Reserva Federal. O povo, o presidente, perdeu o poder de controlar o dinheiro em 1913, e com ele, o controlo do nosso destino colectivo.

Voltando agora aos conspiradores e à sua reunião na ilha Jekyll, Paul Mortiz Warburg foi o homem que surgiu com um título para o novo banco central. Foi Warburg que disse que Aldrich não devia usar o seu nome no preâmbulo do projecto de lei, pois isso poderia alertar a oposição no Congresso, que anteriormente tinha rejeitado as medidas de Aldrich para estabelecer um banco central. Warburg insistiu que as disposições do Reichsbank alemão fossem incorporadas na redacção da medida, nomeadamente que o controlo total das taxas de juro fosse atribuído à Reserva Federal, bem como o controlo da contracção e expansão do crédito. Foi esta disposição que causou a depressão da década de 1930. Warburg declarou que, na sua opinião, o sistema bancário dos EUA,

"...tem feito violência a quase todos os princípios bancários sagrados do Velho Mundo".

Warburg prevaleceu, e o que o Congresso tão alegremente assinou assemelhava-se muito à Constituição do Reichsbank. Wilson completou o círculo de traição ao nomear Warburg como primeiro presidente da Reserva Federal, posição que continuou a ocupar mesmo depois de Wilson ter arrastado a América para uma guerra com a Alemanha natal de Warburg. Tal é o poder da conspiração de "Um Mundo Um Governo". Nenhum sacrifício de outros é demasiado grande para eles, nenhum objectivo é inatingível, ninguém está a salvo das suas maquinações, seja o Presidente dos Estados Unidos ou um subordinado. Poder-se-ia pensar que o governo e os nossos representantes no Congresso estariam ansiosos, se não mesmo ansiosos, por trazer à atenção pública a verdade sobre a Reserva Federal. Nada poderia estar mais longe da verdade. O crime de alterar secretamente as leis monetárias dos Estados Unidos tem sido escondido do povo. Na minha opinião, não pode haver crime maior do que esse. Plínio o historiador chama a tais acções "um crime contra a humanidade". Escondendo do povo a verdadeira intenção e propósito da Lei da Reserva Federal de 1913, o Congresso e a Associação Bancária Americana foram culpados de um crime hediondo contra a humanidade.

Alexander Hamilton votou a adopção dos métodos do sistema bancário central europeu e a sua inserção nas leis bancárias dos Estados Unidos, contribuindo assim significativamente para a subversão da Constituição dos EUA, que proibia um banco central. Hamilton subverteu deliberadamente a vontade dos autores da Constituição para a contornar por ordem do seu mestre, Rothschild. Hamilton ajudou e incentivou a mudar as condições, o que proporcionou um clima fértil para o nascimento do maior monopólio bancário conhecido pelo homem, nomeadamente, a Reserva Federal.

Com o nosso sistema monetário preso a uma condição permanente, instável e insegura da qual não pode escapar, há pouca esperança de alguma vez se tornar um povo verdadeiramente livre. No início do século XIX, os ciclos económicos eram absolutamente desconhecidos, pois simplesmente não podiam ocorrer no âmbito das políticas monetárias, que foram seguidas até ao final deste século. O que o "nosso" sistema está a fazer agora é garantir a deflação, tentando travá-la com políticas de crédito que aumentem os preços e aumentem efectivamente as hipóteses de inflação.

O interesse (usura) é a outra causa dos ciclos económicos, sendo a nossa economia ocidental baseada na dívida, uma situação que pode e irá levar à destruição da civilização. Hoje, na América, estamos preocupados com a justiça social, mas não podemos ter justiça social enquanto a Reserva Federal não for encerrada e a dívida nacional não for abolida por acto do Congresso. Como pode uma nação sobreviver, quanto mais progredir, quando prevalecem as seguintes situações monetárias? O que se segue é uma conspiração aberta que os legisladores conhecem, mas sobre a qual nada farão.

➢ A questão do dinheiro e o controlo do seu valor estão nas mãos de um monopólio privado, gerido por homens que não são conhecidos do povo.

➢ O mais alto executivo do país, o Presidente, não tem qualquer controlo sobre a Reserva Federal, nenhum contributo e nenhuma autoridade para intervir nos seus assuntos, excepto para nomear o Presidente.

➢ Qualquer política económica do Presidente pode ser frustrada ou sabotada pelos controladores dos bancos privados da Reserva Federal.

➢ Este mesmo banco recebe de graça quase todo o dinheiro de que necessita do nosso governo. No entanto, quando o nosso governo precisa de dinheiro para o povo, deve pedir esse dinheiro emprestado ao Banco da Reserva Federal a juros (usura), que deve reembolsar sob a forma de obrigações que rendam juros. Estas obrigações nunca são retiradas, mesmo quando são totalmente reembolsadas. Isto é uma fraude gigantesca.

➢ Como resultado destas transacções fraudulentas, o povo está cada vez mais endividado, enquanto o presidente não pode fazer nada e os representantes do povo não querem impedi-lo.

➢ O monopólio dos banqueiros é autorizado a criar dinheiro à vontade. Eles criam dinheiro a partir do nada, fazendo simplesmente entradas no seu livro razão.

➢ Nunca é realizada qualquer auditoria na Reserva Federal.

John Adams, um dos fundadores da República, disse uma vez:

Toda a perplexidade, confusão e angústia na América não se devem a defeitos na Constituição da Confederação, nem à falta de honra ou virtude, mas ao puro desconhecimento da natureza do dinheiro, do crédito e da circulação.

Esta é certamente uma das declarações mais precisas alguma vez feitas. No *livro de Salomão*, lemos o seguinte:

O mutuário é o servo do mutuante.

Nós, como nação, um povo orgulhoso, somos agora simplesmente servidores do credor, a Reserva Federal. Como criados, não temos estatuto. É por isso que não há necessidade de celebrar o 4 de Julho.

disse Jesus Cristo:

Na verdade, na verdade, digo-vos que o servo não é maior do que o seu Senhor.

➢ Então, o que celebramos no dia 4 de Julho?

➢ O nosso estatuto de criados?

➢ Ou será a nossa liberdade, que perdemos em 1913?

➢ A nossa escravidão financeira contínua?

Agora aqui estão algumas citações para ponderar. O primeiro é do Presidente Woodrow Wilson, que no final da sua vida lamentou amargamente ter assinado a Lei da Reserva Federal e se queixou no seu leito de morte:

> *Uma grande nação industrial é controlada pelo seu sistema de crédito. O nosso sistema de crédito é concentrado. O crescimento da nação e todas as nossas actividades estão nas mãos de alguns poucos homens. Chegámos a ser um dos governos mais mal governados, um dos mais completamente controlados e dominados do mundo; já não um governo de opinião livre, já não um governo por convicção e maioria de votos, mas um governo pela opinião e coerção de pequenos grupos de homens dominantes.*

E Wilson disse mesmo antes de morrer,

"Traí o meu país".

Sir Josiah Stamp, que foi Presidente do Banco de Inglaterra na década de 1920 e foi o segundo homem mais rico de Inglaterra:

> *O banco foi concebido em iniquidade e nasceu em pecado. Os banqueiros são donos da terra; retiram o dinheiro, mas deixam-lhes o poder de criar depósitos, e com o golpe de uma caneta criarão depósitos suficientes para o reconquistar. No entanto, tirar-lhes este dinheiro e todas as grandes fortunas, como a minha, desaparecerão, e eles deveriam desaparecer deste mundo, pois assim seria mais feliz e mais agradável viver. Mas se quiser continuar a ser escravo dos banqueiros e pagar o preço da sua própria escravidão, deixe-os continuar a criar depósitos.*

Robert H. Hemphill, um antigo gestor de crédito do Sistema Bancário da Reserva Federal em Atlanta, Geórgia (isto foi, claro, depois de ter deixado o cargo):

> *É um pensamento surpreendente: estamos completamente dependentes dos bancos comerciais. Alguém tem de pedir emprestado cada dólar que temos em circulação, em dinheiro ou a crédito. Se os bancos criarem muito dinheiro sintético, nós prosperamos. Caso contrário, passamos fome. Estamos absolutamente sem um sistema monetário*

permanente. Quando se olha para o panorama geral, o trágico absurdo da nossa situação desesperada é quase inacreditável, mas está lá. É tão grande que a nossa civilização actual poderá entrar em colapso se não for amplamente compreendida e se os seus defeitos não forem corrigidos muito rapidamente.

Louis T. McFadden MP:

Os Bancos da Reserva Federal são agora uma das instituições mais corruptas que o mundo alguma vez viu.

A Reserva Federal está numa categoria geral, e vou dar-vos um breve resumo de como é constituída. Passo a citar a sua própria publicação:

O Sistema da Reserva Federal inclui o Conselho de Governadores, o Comité Federal de Mercado Aberto, o Conselho Consultivo Federal e os bancos membros. A função do sistema é no domínio do dinheiro, do crédito e da banca. O Sistema da Reserva Federal foi organizado em 1914.

A responsabilidade pela política e decisões da Reserva Federal cabe ao Conselho de Governadores, ao Comité Federal de Mercado Aberto e ao Conselho Consultivo Federal.

(Note-se que a responsabilidade não recai sobre o Presidente ou o Congresso. É da responsabilidade destes funcionários bancários).

Em alguns assuntos a lei atribui a principal responsabilidade ao Conselho, noutros aos Bancos de Reserva, e noutros ainda ao Comité, embora na prática haja uma estreita coordenação de acções.

Portanto, por uma questão de simplicidade, o termo "Autoridades da Reserva Federal" é frequentemente utilizado quando não é necessário indicar qual das três é responsável pela acção ou em que medida a responsabilidade é partilhada. O Comité Federal de Mercado Aberto é composto pelos sete membros do Conselho de Governadores e cinco representantes dos Bancos da

Reserva Federal.

O Comité dirige as operações de mercado aberto dos Bancos da Reserva Federal, ou seja, compras e vendas de títulos do governo dos EUA e outras obrigações no mercado aberto. O objectivo destas operações é manter uma base de crédito bancário suficiente para satisfazer as necessidades das empresas da nação.

O Conselho Consultivo Federal é composto por 12 membros, um dos quais é seleccionado anualmente por cada Banco da Reserva Federal através do seu Conselho de Administração. O Conselho reúne-se em Washington pelo menos quatro vezes por ano.

Consulta o Conselho de Governadores sobre as condições gerais de negócios e faz recomendações sobre os assuntos do Sistema da Reserva Federal. As suas recomendações são puramente consultivas.

Note-se que os nossos representantes eleitos na Câmara e no Senado não têm qualquer influência ou controlo sobre o que estes homens sem rosto fazem com a nossa economia.

É o Comité do Mercado Aberto, que, mais do que qualquer outra divisão, dirige este país. É apenas uma fachada cuidadosamente trabalhada atrás da qual se encontra um homem que gere a conta do mercado aberto e que, por isso, é capaz de conhecer a ascensão e queda do mercado de acções porque o planeia.

Como Wright Patman MP disse uma vez:

O presidente do Comité de Mercado Aberto conhece cada descida e subida na bolsa antes que isso aconteça, e pode dar conselhos a outros sobre como ganhar milhões durante a noite; e, claro, dá-os aos seus amigos.

Deveríamos pôr fim a isto: o facto de algumas pessoas estarem a aumentar os juros e a baixar os títulos, manipulando o sistema monetário da nossa nação de tal forma que os especuladores ficam mais ricos e melhores do que as pessoas honestas que trabalham para viver. Portanto, esta é a verdadeira função do Comité do Mercado Aberto, posta a nu para todos verem.

Gostaria também de citar o Sr. Thomas A. Edison, como se segue:

> *As pessoas que não entregarem uma pá cheia de terra no projecto (estou a falar da Barragem dos Cardumes Músculos), nem contribuírem com um quilo de material, irão recolher mais dinheiro dos Estados Unidos do que as pessoas que fornecem todo o material e fazem todo o trabalho. Isso é o que o interesse tem de terrível.*
>
> *Mas eis o que interessa: se a nação pode emitir um título em dólares, pode também emitir uma nota em dólares. A própria coisa que torna o vínculo válido torna a nota igualmente válida.*
>
> *A diferença entre a obrigação e a nota é que a obrigação permite ao negociante de dinheiro cobrar o dobro do montante da obrigação e mais 20%, enquanto que o valor da moeda, o tributo honesto previsto na Constituição, continua a decrescer em termos de poder de compra.*
>
> *É absurdo dizer que o nosso país pode emitir obrigações e não pode emitir dinheiro. Ambos são promessas de pagamento, mas um engorda o usurpador e o outro ajuda o povo. Se o dinheiro emitido pelo povo não fosse bom, então as obrigações também não seriam boas. É uma situação terrível quando o governo, a fim de garantir a riqueza nacional, deve endividar-se e submeter-se a juros ruinosos às mãos de homens que controlam o valor fictício do ouro. O interesse é uma invenção de Satanás.*

Claro que todos sabemos que a Bíblia, o Alcorão e outros livros são absolutamente opostos à percepção de interesse, mas desviámo-nos de todas estas coisas e foi assim que nos metemos na confusão em que hoje nos encontramos. O que nos resta agora é a concha de um país que, sem o esquema da Reserva Federal, seria o mais poderoso do mundo, além da crença, com liberdade e justiça para todos. Somos escravos, a menos que estejamos dispostos a fazer disso o nosso negócio a partir de agora, noite e dia, para forçar o Congresso a acabar com o sistema bancário da

Reserva Federal e acabar com a nossa escravatura. Quem é realmente o proprietário dos Bancos da Reserva Federal? Uma vez que estão incorporados, deve ser relativamente fácil obter uma lista de accionistas, mas tanto quanto sei, ainda ninguém conseguiu obter essa informação.

Como é perpetrada esta fraude contínua? O poder dos governos, combinado com os avanços da tecnologia informática, simplificou consideravelmente a tarefa de gerir os fluxos monetários nacionais - e, por extensão, internacionais -. Politicamente, a vitória americana na Segunda Guerra Mundial permitiu que todo o Ocidente e as suas dependências fossem cooptados para o Fundo Monetário Internacional (FMI) negociado na conferência de Bretton Woods em 1944. Quarenta e cinco anos mais tarde, o colapso da União Soviética em 1989 significou que, pela primeira vez na história, não houve outra escolha monetária ou política na cena internacional. O Império Britânico tinha-se rendido aos americanos precisamente porque a América oferecia uma alternativa à libra esterlina, nomeadamente o dólar.

Os Estados Unidos presidem a um sistema monetário global mais ou menos totalmente fechado, centrado no dólar. Na prática, isto significa que os países do sistema têm de trocar o valor real sob a forma de bens manufacturados e mercadorias com o cartel americano em troca de uma moeda que não é um dólar real, mas uma nota da Reserva Federal incorrectamente chamada dólar, que não é mais do que um registo contabilístico criado a partir do nada. É como uma empresa sem activos que troca acções sem valor por dinheiro, e não é um acidente. É uma técnica favorecida pela qual a família J.P. Morgan do século XIX financiou com sucesso a consolidação da indústria e finanças americanas. Hoje, os seus herdeiros estão ocupados a fazer a mesma coisa, mas a uma escala global.

Os rápidos avanços tecnológicos eliminaram a possibilidade de uma gestão criativa no sector bancário. O seu poder computacional tornou o custo dos cálculos iterativos mais ou menos zero. Isto permitiu a criação de um novo sector na indústria, os derivados, que nada mais é do que a decomposição de instrumentos financeiros tais como acções e obrigações nas suas partes componentes, e triplicou o poder dos bancos, graças à plena cooperação da Reserva Federal e do Congresso, que permitiram aos bancos não só auto-regular as suas carteiras e actividades de derivados, mas também adoptar regras para forçar outros bancos a utilizar os derivados para "controlar" o risco. Na prática, isto significa que as actividades mais lucrativas dos bancos foram transferidas para fora do balanço, criando um elevado nível de sigilo nas suas actividades. Também dá uma vantagem considerável aos maiores bancos, aos quais outros devem recorrer para os seus derivados. Isto alimentou, em parte, a consolidação maníaca do sector bancário e foi implementado com enorme sucesso a nível internacional através da imposição do Acordo de Basileia Monetário e Bancário, que forçou as instituições financeiras de outros países a cooperar, o que, na prática, significou em grande parte a submissão ou o fracasso.

As tácticas dos bancos têm sido copiadas e aperfeiçoadas pela indústria. Um exemplo principal é o caso da Enron, que era originalmente uma empresa industrial envolvida na produção e transporte de petróleo e gás natural, mas que se transformou numa operação financeira altamente alavancada com um enorme negócio de derivados extrapatrimoniais. Libertou-se do controlo regulamentar através do método testado ao longo do tempo de comprar os legisladores e subornar os seus auditores. Isto deu-lhe o poder de ajustar os seus ganhos, virtualmente à sua vontade, simplesmente alterando os pressupostos sobre taxas de juro futuras incorporados nas opções, swaps e contratos de futuros que compõem a sua carteira de derivados não regulamentados.

Enron é também um modelo da distinção cada vez mais confusa entre os sectores público e privado. Empregava até vinte agentes da CIA.

Um dos seus altos executivos, Thomas White, foi general do exército antes de se juntar à Enron e depois deixou a Enron para se juntar ao pessoal militar. Os executivos da Enron estavam intimamente ligados à força tarefa energética do Vice-Presidente

Richard Cheney. É difícil evitar a conclusão de que a Enron era outra coisa que não uma operação de branqueamento de capitais utilizada no interesse da "segurança nacional" em nome do cartel. Os EUA embarcaram numa dispendiosa aventura militar global cujo resultado está longe de ser certo.

É o culminar de mais de cinquenta anos de guerra aberta e secreta quase contínua. É apoiado pelo mais sofisticado aparelho de financiamento da história, capaz de mobilizar o dinheiro gerado por uma grande variedade de actividades, tanto abertas como encobertas. O preço tem sido o esvaziamento gradual da própria economia dos EUA e a erosão gradual das liberdades civis e do Estado de direito. O orçamento negro não é a causa, mas sim os meios.

Capítulo 14

A conspiração do comércio livre

Os Estados Unidos, outrora uma superpotência até ser atingida pela síndrome da "nova economia mundial", perdeu tanta capacidade de produção que mal consegue construir um submarino de dois em dois anos e um porta-aviões de cinco em cinco anos. Como nos podemos então chamar "a única superpotência do mundo"? A *revista americana de construção naval* declarou em 1998 que mais componentes e sistemas de fabrico de navios migrariam para a China nos próximos cinco anos, e isto provou ser muito exacto.

"Não há motivo para preocupação", dizem os peritos do economista do mercado livre. "A construção naval é apenas uma daquelas antigas actividades de fabrico sem as quais a economia nanotecnológica dos EUA está melhor". Infelizmente, segundo a *Manufacturing & Technology News* (8 de Julho de 2006), tanta capacidade de fabrico já desapareceu que as capacidades nanotecnológicas dos EUA estão largamente limitadas à escala piloto, ao fabrico de baixo volume, e mesmo isso está a desaparecer a um ritmo alarmante.

Não está longe o dia em que teremos de pedir à China ou à Rússia que construam para nós os nossos instrumentos de guerra. Em testemunho perante a Subcomissão de Ciência da Câmara sobre Investigação, Matthew Nordan da Lux Research, Inc. disse que todas as ideias de nanotecnologia dos EUA serão provavelmente "implementadas em fábricas de produção noutras margens". Nordan disse que em algumas áreas de materiais nanotecnológicos, "o comboio de fabrico já deixou a estação.

Os EUA podem mesmo estar a ficar para trás na geração de ideias nanotecnológicas. Em 2006, a China liderou o mundo na investigação nanotecnológica, com uma produção de 14%. Mesmo a Coreia do Sul e Taiwan gastam mais per capita em I&D em nanotecnologia do que os EUA. Outrora o maior fabricante mundial de máquinas-ferramentas, os EUA ocupam agora o 17 lugar atrás da pequena Suíça. Sean Murdock, director executivo da Nano Business Alliance, testemunhou perante um subcomité do Congresso que os EUA não podiam viver apenas de ideias, disse:

> "A propriedade intelectual está bem... mas se olharmos para o valor total associado a um produto, a maior parte do valor tende a ir para aqueles que estão mais próximos do cliente - aqueles que realmente o fazem."

O senso comum saiu pela janela quando Wilson entrou na Casa Branca. A primeira coisa que Wilson fez foi convocar uma sessão conjunta da Câmara e do Senado, na qual criticou e desafiou a protecção tarifária que tinha proporcionado um mercado único para a classe média.

Por mais importante que a propriedade intelectual seja para o processo de fabrico, é a capacidade de fabricar e transformar um novo princípio em bens tangíveis que podem ser comercializados que faz a diferença. Sem a capacidade de traduzir uma ideia num produto manufacturado baseado nessa nova ideia, a oportunidade de colher a maior parte dos benefícios económicos perder-se-ia, e com esta condição estultificante, a capacidade de pensar em novas ideias (capacidades criativas) acabaria por secar. Sem competências e conhecimentos de fabrico, é difícil reconhecer inovações nanotecnológicas promissoras. Por outras palavras, se desse a um homem pré-histórico um plano sobre como fazer uma arma para caçar, isso não iria mudar a sua situação.

Nas últimas duas décadas, tenho vindo a apontar a erosão da classe média americana, condições em que o comércio livre tem prosperado desde que Adam Smith tentou vender produtos britânicos aos colonos numa rua de sentido único. Funções de produção baseadas em conhecimentos adquiridos, que foram para o que costumavam ser chamados de "países subdesenvolvidos", tais como a China. A chamada falta de singularidade necessária para se trabalhar com vantagem comparativa, e a mobilidade internacional de capital e tecnologia, permitem que estes factores de produção procurem vantagem absoluta no estrangeiro numa mão-de-obra qualificada, disciplinada e de baixo custo. Na verdade, como já disse muitas vezes, o comércio livre é uma mentira e tem sido uma mentira desde o dia em que Adam Smith da Companhia das Índias Orientais tentou impô-la às novas colónias americanas. O comércio livre destruiu a classe média única que tornou a América grande; a classe média é um conceito que desaparece rapidamente.

Assim, assim que as barreiras comerciais dos EUA foram removidas e a Internet de alta velocidade entrou em linha, os padrões de vida do Primeiro Mundo já não estavam protegidos por acumulações únicas de capital e tecnologia. Esta mudança de condições permitiu às empresas americanas utilizar empregados de grandes reservas de mão-de-obra estrangeira em excesso, tais como os que existem actualmente na Índia e na China, para substituir empregados americanos mais bem pagos a um custo mais baixo. A diferença nos custos de mão-de-obra é omnipresente. Quem disser que esta diferença não importa, não conhece os factos. Pode uma família americana viver com 200 dólares por mês como tantas famílias no Extremo Oriente e na Índia?

No entanto, como salientei em 1972, mais de três décadas antes da Índia, China e Filipinas se tornarem uma alternativa para as empresas americanas, os EUA também se encontram em grave desvantagem por razões fiscais. Por razões fiscais, os EUA têm um elevado custo de mão-de-obra.

A coligação do Conselho de Agricultores dos EUA apresentou recentemente o problema ao Grupo Consultivo do Presidente sobre a Reforma Fiscal Federal. Todos os principais parceiros comerciais dos EUA, incluindo todos os outros países da OCDE e a China, dependem de impostos ajustados às fronteiras que reduzem os impostos sobre as suas exportações para os EUA, enquanto que tributam os produtos americanos importados dos

EUA.

Esta discriminação é reforçada pelo sistema fiscal americano, que não impõe uma carga fiscal apreciável aos bens e serviços estrangeiros vendidos nos EUA, mas impõe uma pesada carga fiscal aos produtores americanos de bens e serviços, quer sejam vendidos nos EUA ou exportados para outros países.

A solução é abandonar o imposto sobre o rendimento e substituí-lo por um imposto sobre o valor acrescentado ou um imposto sobre vendas, ou mesmo uma tarifa ou um imposto dedutível de exportação. Mas os defensores da Nova Ordem Mundial no governo dos EUA estão a fazer tudo o que podem para reduzir o nível de vida dos americanos a um nível muito inferior, o que é improvável que seja permitido.

Os Pais Fundadores basearam os rendimentos dos EUA nas tarifas. As tarifas também ajudaram os EUA a desenvolver a sua indústria, protegendo os seus produtos da concorrência de produtores estrangeiros mais baratos. George Washington declarou que as tarifas deveriam ser mantidas para proteger os "fabricantes americanos". Mas depois veio o Presidente internacional socialista Wilson, e o seu primeiro acto foi convocar uma sessão conjunta da Câmara e do Senado e dar a conhecer o seu objectivo de destruir o sistema tarifário que tinha funcionado tão brilhantemente até à sua desastrosa ascensão à Casa Branca.

Os frutos intoleravelmente amargos da presidência Wilson ainda hoje estão activos. Um exemplo é a crise alimentar de Março-Abril, que conduziu a uma grave crise quando se alastrou aos seres humanos. O *Chicago Tribune* de 29 de Abril de 2007 cobriu esta crise através de um longo relatório:

> "As autoridades da Califórnia revelaram que a contaminação tinha entrado na cadeia alimentar. Cerca de 45 residentes do estado comeram carne de porcos que tinham comido ração contendo melamina da China. A melamina é utilizada para fazer plásticos, mas também aumenta artificialmente o conteúdo proteico - e portanto o preço - dos glutens utilizados nos alimentos. Já era fatal para alguns animais de estimação...

57 marcas de comida para gatos e 83 marcas de comida para cães foram recordadas. Além disso, 6.000 porcos tiveram de ser destruídos porque tinham comido alimentos contaminados. Pensa-se que os efeitos da melamina nos seres humanos são mínimos, mas ninguém sabe realmente. O importador do glúten de trigo mau, Chem-Nutra Inc., de Las Vegas, alega que o seu fabricante chinês adicionou ilicitamente melamina ao glúten para aumentar o conteúdo proteico mensurável e, assim, o preço da remessa."

Aqueles que pensavam que a Food and Drug Administration (FDA) assumiria tais desenvolvimentos estavam, evidentemente, muito enganados. Mas numa declaração, a FDA[9] disse que o "financiamento da segurança alimentar" para o Centro de Segurança Alimentar da agência caiu de 48 milhões de dólares em 2003 para cerca de 30 milhões de dólares em 2006.

O emprego a tempo inteiro no Centro foi reduzido de 950 em 2003 para 820 em 2006. Mesmo quando os casos de glúten de trigo contaminado estão a crescer, a FDA tomou conhecimento de outro problema: a proteína de arroz chinesa. Os relatórios iniciais indicam que os brinquedos continham tinta com chumbo, o que levou a uma recolha maciça.

O sistema tarifário dos Pais Fundadores foi derrubado por Wilson e os seus conselheiros socialistas, especialmente a Sociedade Fabiana (antepassados dos neo-bolcheviques de hoje, também conhecidos pelo termo oximorónico "neoconservadores"), que alegaram falsamente que as tarifas atingiram duramente os pobres, beneficiando ao mesmo tempo os fabricantes ricos.

O imposto sobre o rendimento foi visto como uma distribuição mais equitativa da carga fiscal e como o caminho para uma maior igualdade na distribuição dos rendimentos. Wilson e os seus controladores não disseram ao Congresso que se tratava de uma doutrina marxista; o que se seguiu foi uma longa luta político-ideológica que derrubou o sistema tarifário e entregou a classe

---

[9] Administração de Alimentos e Drogas.

média única da América à servidão.

Actualmente, a distribuição dos rendimentos é mais desigual do que nunca. Se você, caro leitor, pensa que não é um servo, veja o que acontece se reclamar o produto do seu trabalho como sua propriedade e se recusar a pagar impostos sobre a propriedade. Certifique-se de que tem um contrato com uma boa empresa de mudanças, outro lugar para ficar e um pára-quedas antes de saltar daquele penhasco. O que é necessário é um regresso imediato ao sistema tarifário para aumentar as receitas, e quanto mais cedo melhor. Existem "corações corajosos" entre o povo soberano?

O que vimos com a instalação do Banco da Reserva Federal foi a consolidação do controlo do Comité dos 300 sobre a América. Seguiu a política externa americana e as guerras travadas pela América durante o século XX (incluindo a Guerra Hispano-Americana de 1898 e a actual chamada Guerra contra o Terror) conseguiram alargar o controlo do cartel sobre a economia mundial. Sem o estabelecimento bem sucedido de um banco central nos EUA, nunca teria sido possível travar as guerras que foram travadas depois de 1912.

Franklin D. Roosevelt disse aos seus associados políticos que queria que o seu legado fosse o campeão dos pobres que acabaram com a Grande Depressão. Roosevelt ficou com os louros da criação do sistema de segurança social, que passou a ser um ganho para o povo. Mas não disse à maioria dos americanos como deveria ser financiado, nomeadamente através de um imposto altamente regressivo sobre os seus beneficiários.

A criação do FSE segue a mesma lógica que a criação da Reserva Federal em 1914. Esta última, a Reserva Federal, foi também criada em resposta a uma crise: o crash de 1907. A lenda de Wall Street credita a genialidade e o patriotismo de J.P. Morgan com a salvação da nação. Na realidade, o acidente e a depressão resultante permitiram a Morgan destruir os seus concorrentes, comprar os seus bens e, no processo, revelar à nação e ao mundo o quão poderosos eram os bancos e a Morgan. Nem todos ficaram gratos, e alguns exigiram uma acção legislativa para colocar o crédito federal e o sistema monetário nacional sob supervisão e controlo públicos.

Numa campanha de charlatanismo político magistral, a Reserva Federal foi criada em 1912 por um acto do Congresso para fazer precisamente isso. Mas ao criá-la como uma corporação privada propriedade dos bancos, o Congresso cedeu efectivamente aos bancos uma posição ainda mais forte do que a que tinham tido anteriormente.

Ainda hoje, não se compreende bem que a Reserva Federal seja uma empresa privada que pertence aos próprios interesses que nominalmente regula. Assim, o controlo do crédito federal e do sistema monetário americano, bem como o rico fluxo de informação privilegiada que resulta deste controlo, é escondido da opinião pública e controlado em segredo, o que explica antes a natureza delphic do Presidente Federal.

O comércio da droga: Escravatura física

Pode parecer estranho pensar numa ligação positiva entre o tráfico de droga e a bolsa de valores, mas considere o seguinte: no final dos anos 90, o Departamento de Justiça dos EUA estimou que as receitas deste comércio que entrava no sistema bancário norte-americano valiam entre 500 mil milhões e 1.000 mil milhões de dólares por ano, ou mais de 5 a 10% do PIB.

Os produtos do crime devem agora encontrar o seu caminho para os canais legítimos, caso contrário não valem nada para os seus detentores. O impacto do tráfico de droga nas comunidades e economias no ponto de venda, no entanto, é pouco estudado. Considerar o impacto nos mercados imobiliários e serviços financeiros. O sector imobiliário é um sector atractivo para empregar o excesso de dinheiro proveniente da venda de drogas porque, como indústria, é totalmente desregulamentado no que diz respeito ao branqueamento de dinheiro. Como o dinheiro é um método de pagamento aceitável e, em alguns lugares, familiar, grandes somas podem ser facilmente descartadas sem grandes comentários. Isto pode e leva a uma considerável distorção da procura local e, por sua vez, alimenta a especulação imobiliária e o aumento da procura de crédito para a financiar, bem como oportunidades consideráveis de especulação e fraude.

O poder do governo, combinado com os avanços na tecnologia da informação, tornou possível nos últimos trinta anos simplificar a gestão dos fluxos financeiros nacionais e, por extensão, internacionais.

Politicamente, a vitória americana na Segunda Guerra Mundial significou que todo o Ocidente e as suas dependências foram cooptados pelo Fundo Monetário Internacional (FMI) negociado em Bretton Woods em 1944. Quarenta e cinco anos mais tarde, o colapso da União Soviética em 1989 significou que, pela primeira vez na história, não houve outra escolha monetária ou política na cena internacional. O Império Britânico tinha-se rendido aos americanos precisamente porque a América oferecia uma alternativa à libra esterlina, nomeadamente o dólar.

Hoje, os Estados Unidos presidem a um sistema monetário global mais ou menos totalmente fechado, baseado no dólar. Na prática, isto significa que os países dentro do sistema devem trocar valor real sob a forma de recursos naturais como petróleo e gás, bens manufacturados e mercadorias com o cartel americano em troca de dólares, que não são mais do que um registo contabilístico criado a partir do nada. Isto é análogo a uma empresa sem activos que trocam acções diluídas por dinheiro, e não é um acidente. É uma técnica favorecida pela qual a dinastia J.P. Morgan do século XIX conseguiu financiar a consolidação da indústria e finanças americanas.

Hoje, os seus herdeiros estão ocupados a fazer a mesma coisa, mas a uma escala global. E tudo isto está a acontecer ao ar livre, para além da fase de conspiração. Graças ao seu controlo financeiro único, os Estados Unidos puderam embarcar em aventuras militares globais dispendiosas, cujo resultado está longe de ser certo.

Isto marca o culminar de mais de cinquenta anos de guerra aberta e secreta contínua. É apoiado pelo aparelho financeiro mais sofisticado da história, capaz de mobilizar a liquidez gerada por uma grande variedade de actividades tanto abertas como encobertas. O preço tem sido o esvaziamento gradual da própria economia dos EUA e a erosão gradual das liberdades civis e do Estado de direito. Será também o fim desta República.

Capítulo 15

Um meio para atingir um fim

Quem são os planificadores e conspiradores que servem o poderoso e todo-poderoso Comité dos 300? Os cidadãos mais informados sabem que existe uma conspiração e que esta tem muitos nomes. O que não é geralmente reconhecido é que o bem organizado Comité de 300 passou agora para o que o agente do MI6 H.G. Wells chamou a fase de "conspiração aberta". Poder-se-ia dizer que a conspiração atingiu o seu objectivo. O mundo está agora na fase seguinte, o que eu chamo *"para além da conspiração"*.

O passo seguinte pode ser implementado porque o povo americano está num estado de choque profundo e está tão bem controlado pela penetração a longa distância e condicionamento doméstico que agora aceita coisas que não teria aceite apenas há dez anos atrás. Como resultado, os conspiradores sentem que podem sair para o exterior. Já não precisam de se esconder. A população sofreu uma lavagem cerebral e foi tão condicionada que toda a conspiração quase nunca é considerada uma "conspiração".

Hoje, em 2007, é de facto uma conspiração aberta, com alguém tão importante como o Presidente dos Estados Unidos proclamando abertamente o advento da nova ordem mundial, que ele aguarda com expectativa.

Esta Nova Ordem Mundial é uma obra em curso; uma forma revista de comunismo internacional, uma ditadura brutal e selvagem que mergulhará o mundo na Nova Era das Trevas. O Plano Davignon que anunciei pela primeira vez nos Estados Unidos em 1982 está agora em plena floração; os Estados Unidos estão a cerca de metade da sua conversão para uma versão moderna de uma sociedade feudal.

A nossa indústria siderúrgica está morta; e a nossa indústria de máquinas-ferramentas está morta. As nossas entidades fabricantes - fabricantes de calçado, fabricantes de vestuário, fabricantes de equipamento industrial ligeiro, indústrias electrónicas - têm sido exportadas para países estrangeiros. A quinta familiar americana está perdida para os controladores alimentares nas mãos dos "300" como Archer Daniels Midland, Nestlé, e a Bunge Corporation. O povo americano pode agora facilmente ser submetido à submissão se a necessidade surgir. O líder desta campanha para estabelecer um Estado totalitário, uma Nova Ordem Mundial dentro de um Governo Mundial Único, está rapidamente a tornar-se nos Estados Unidos da América, papel que assumiu pela primeira vez quando o Comité de 300 nomeou Woodrow Wilson para a Casa Branca.

Em Novembro de 2005, os EUA sofreram o desequilíbrio comercial mais maciço da sua história. Cerca de 85% dos artigos outrora fabricados nos EUA são agora fabricados em países estrangeiros e importados para os EUA. As últimas estatísticas mostram que a Ford Motors irá cortar 30.000 postos de trabalho e a General Motors o mesmo número. Estes trabalhos estão a ser perdidos. Estes não são despedimentos temporários, mas empregos que desaparecerão e nunca mais voltarão. O povo americano tem estado tão condicionado que a maioria deles não consegue ver que a perda recorde de postos de trabalho de fabrico está directamente relacionada com o mito do "comércio livre" promovido pela British East India Company no século 18 .

Cito a declaração profunda do profeta Oséias, encontrada na Bíblia cristã:

> "O *meu povo perece por falta de conhecimento*". (A palavra é na realidade "informação").

Tantas pessoas já leram a minha apresentação sobre o escândalo da ajuda externa, na qual nomeei várias organizações conspiratórias, das quais são muitas, que penso que o assunto pode ser excluído deste livro.

O seu objectivo final é o derrube da Constituição dos EUA e a fusão deste país, escolhido por Deus como o seu país, com uma Nova Ordem Mundial sem Deus - um governo mundial único, que devolverá ao mundo condições feudais muito piores do que as que existiam durante a Idade das Trevas.

Vamos falar de casos concretos, da tentativa de comunitarizar e desindustrializar a Itália. O Comité dos 300 decretou há muito tempo que haveria um mundo menor - muito menor - e melhor, ou seja, a sua ideia do que constitui um mundo melhor. A miríade daquilo a que Bertrand Russell chamou "comedores inúteis", que consomem recursos naturais limitados, está a ser abatido. O progresso industrial apoia o crescimento populacional. Portanto, o mandamento de multiplicar e subjugar a terra encontrada no Génesis deve ser subvertido através da destruição do mercado de trabalho industrial, a única fonte estável de emprego a longo prazo. Isto requer um ataque frontal ao cristianismo, a lenta mas segura desintegração dos estados das nações industriais, a destruição de centenas de milhões de pessoas, designadas pelo Comité de 300 como "excesso de população", e a eliminação de qualquer líder que ouse opor-se ao planeamento global do Comité para alcançar os objectivos acima referidos.

Três dos primeiros alvos do Comité foram a Argentina, Itália e Paquistão. Muitos outros Estados-nação deveriam ser dizimados, incluindo a África do Sul, a Palestina, a Sérvia e o Iraque. Os Estados-nação devem ser desencorajados e o seu desmantelamento acelerado, especialmente se tiverem ambições de se tornarem industrializados.

Para se ter uma ideia da escala e abrangência da conspiração da Nova Ordem Mundial, é apropriado neste momento afirmar os objectivos estabelecidos pelo Comité dos 300 para a conquista e controlo mundial. Uma vez compreendido isto, pode-se ver como um órgão central conspiratório é capaz de operar com sucesso e porque é que nenhum poder na terra pode resistir ao seu ataque sobre as fundações de um mundo civilizado baseado na liberdade do indivíduo, especialmente como declarado na Constituição dos EUA.

> Como surgiu o Comité dos 300?

> Qual é a fonte da sua imensa riqueza e poder?

> Como é que o Comité mantém o seu domínio sobre o mundo, e particularmente o seu domínio sobre os Estados Unidos e a Grã-Bretanha?

> Uma das perguntas mais frequentes é: "Como pode uma única entidade saber o que se passa em qualquer altura e como é exercido o controlo? "

A seguinte declaração de Aurellio Peccei, membro sénior do Comité dos 300, ajuda a compreender de onde vieram os "300":

Pela primeira vez desde a aproximação do primeiro milénio na Cristandade, grandes massas de pessoas estão verdadeiramente em suspense sobre o iminente advento de algo desconhecido que poderia mudar completamente o seu destino colectivo... O homem não sabe como ser um homem verdadeiramente moderno. O homem inventou a história do dragão mau, mas se alguma vez existiu um dragão mau, é o próprio homem... Aqui temos o paradoxo humano: o homem está preso pelas suas capacidades e realizações extraordinárias, como se estivesse em areia movediça. Quanto mais ele usa o seu poder, mais ele precisa dele.

Não nos devemos cansar de repetir quão tolo é equacionar o actual estado patológico profundo e desajustamento de todo o sistema humano com alguma crise cíclica ou circunstância passageira.

Desde que o homem abriu a caixa de novas tecnologias de Pandora, tem sofrido de proliferação humana descontrolada, mania de crescimento, crises energéticas, escassez actual ou potencial de recursos e degradação ambiental, loucura nuclear e uma série de aflições relacionadas.

O termo "Nova Ordem Mundial" é visto pelos recém-chegados como algo que se desenvolveu após a Guerra do Golfo em 1991, enquanto que a ideia de um governo mundial único é reconhecida como tendo séculos de existência. De facto, tem as suas origens na East India Company (BEIC) fretada pela Rainha Elizabeth I em 1600 como sociedade anónima. Em 1661, Carlos II (o Rei Stuart) deu o consentimento real à companhia que concedeu, entre outras coisas, o direito de fazer a guerra e a paz com as nações.

Isto permitiu ao BEIC assumir o controlo total da Índia, incluindo o lucrativo comércio de ópio conduzido em Benares e no Vale do Ganges por príncipes indianos. Em 1830, toda a Índia estava sob o controlo do que se tinha tornado a Companhia Britânica das Índias Orientais (BEIC). É aqui que se encontram as sementes da Nova Ordem Mundial.

A Nova Ordem Mundial não é nova; ela existe e desenvolveu-se de uma forma ou de outra durante muito tempo. O seu "pai" foi a London Mercer Company e o seu avô a London Staplers, que pode ser rastreada até à Liga Hanseática Alemã e Belga, até à Índia. Deste contexto surgiu a East India Company, alguns dos quais eram comunistas anabaptistas, muitos dos quais imigraram para Inglaterra.

Durante o período colonial, vários Anabatistas proeminentes emigraram de Inglaterra para os Estados Unidos. Todas estas diversas facções e cultos abraçaram um objectivo comum, o estabelecimento de uma Nova Ordem Mundial autoritária. Mas ainda hoje, em 2007, é visto como um desenvolvimento do futuro, o que não é; a Nova Ordem Mundial é passado e presente. Todos os planos futuros das instituições do Comité baseavam-se na necessidade de se verem livres de 2,5 mil milhões de "comedores inúteis", parafraseando Lord Bertrand Russell, um dos principais porta-vozes dos "300". Os recursos naturais deveriam ser distribuídos sob os auspícios do planeamento global. Os Estados-nação poderiam aceitar o domínio do Clube de Roma ou sobreviver sob a lei da selva.

Quais são os objectivos dos conspiradores da elite secreta? Este grupo de elite também se intitula a si próprio de *Olimpíadas* porque acreditam verdadeiramente que são iguais no poder e na estatura dos lendários deuses do Olimpo. Tal como Lúcifer, o seu deus, eles colocaram-se acima do verdadeiro Deus na crença de que são responsáveis pela implementação do seguinte por direito divino:

> Estabelecer um governo mundial único - a Nova Ordem Mundial - com uma igreja unificada e um sistema monetário sob a sua liderança, todas as identidades nacionais e fronteiras nacionais das nações e provocar a destruição da religião cristã.

> Estabelecer a capacidade de controlar cada pessoa através do controlo da mente e acabar com toda a industrialização e produção de energia nuclear no que chamam "a sociedade de crescimento zero pós-industrial".

> As indústrias de computadores e serviços estarão isentas. As restantes indústrias dos EUA seriam exportadas para países como o México e o Extremo Oriente, onde o trabalho escravo é abundante. Como vimos em 1993, isto tornou-se um facto com a adopção do Acordo de Comércio Livre Norte-Americano, conhecido como NAFTA. O comércio livre deveria ser a norma para o futuro.

> Suprimir todos os desenvolvimentos científicos excepto aqueles considerados benéficos pelo Comité. A energia nuclear para fins pacíficos é particularmente visada.

> O colapso das economias do mundo e o estabelecimento de um caos político total. Assumir o controlo de todas as políticas externas e internas dos EUA e dar total apoio a instituições supranacionais como as Nações Unidas, o Fundo Monetário Internacional, o Banco de Compensações Internacionais e o Tribunal Mundial, a fim de suplantar e minar a Constituição dos EUA antes de a abolir por completo.

> Penetrar e subverter todos os governos, e trabalhar dentro deles para destruir a integridade soberana das nações que representam, sob o pretexto de espalhar a "democracia" como um baluarte contra o terrorismo.

> Organizar um aparelho terrorista global e negociar com

os governos legais a sua rendição onde quer que as actividades terroristas tenham lugar, permitindo aos EUA estabelecer bases militares permanentes nestes países.

➢ Assumir o controlo da educação na América com a intenção e o propósito de a destruir completamente através de uma "mudança progressiva" nos currículos e métodos de ensino. Em 1993, a força e o efeito desta política estava a tornar-se aparente, e será ainda mais destrutiva quando as escolas primárias e secundárias começarem a ensinar "educação baseada em resultados" (EFC).

Na melhor das hipóteses, desde a escola, o americano médio sabe que os Estados Unidos têm uma história de 250 anos, mas apenas no sentido mais ténue e sem detalhes. O seu conhecimento da Constituição é mínimo. Ele desconhece completamente que incidentes e "acidentes" da história aparentemente não relacionados estão de facto intimamente relacionados e foram concebidos e provocados por uma força oculta; a Revolução Francesa instigada por duas pousadas maçónicas; a ascensão de Napoleão e as guerras napoleónicas, controladas pelos Rothschilds; o "acidente" da brutal e selvagem Primeira Guerra Mundial, a revolução bolchevique cuidadosamente planeada e a ascensão do comunismo. Isto não tem nada a ver com a história que lhe foi ensinada na escola, que estes foram eventos não relacionados. Foi-lhe ensinado que os grandes acontecimentos da história mundial, incluindo o dos Estados Unidos, surgiram do nada e de repente apareceram como que por magia. Não houve uma única ocasião em que lhe foi ensinado que estes acontecimentos destruidores da terra foram criados e canalizados com grande precisão e manipulados para atingir objectivos pré-estabelecidos. A grande conspiração nunca lhe foi revelada, e se é mencionada, é ridicularizada como o pensamento de crackpots.

O ensino controlado não permite tais estudos. É um tabu. A natureza do direito dos contratos é desconhecida para ele. Especialmente os contratos políticos conhecidos como "tratados" que, segundo lhe é dito, "são a lei da terra". Poucos advogados compreendem que este não é o caso e por isso nós, americanos, acreditamos que os acontecimentos simplesmente acontecem a partir do vácuo.

Se tivesse o privilégio de entrar no grande repositório de conhecimentos que é o Museu Britânico e passar dois anos a ler com a intenção de estudar as edições anteriores dos grandes jornais da Grã-Bretanha e dos Estados Unidos, o *New York Times*, o *London Times*, o *Telegraph* a partir do final dos anos 1890, bem como as revistas *Punch* e *The New Yorker* a partir dos anos 1900, ficaria consternado ao ver-se confrontado com um formato político quase idêntico ao do *New York Times*, do *Washington Post*, e do *London Times* em 2005.

Ficaria ainda mais chocado ao descobrir que estava a ler os mesmos clichés que tinha acabado de ler nas edições posteriores e que eram notavelmente semelhantes no design e contexto, pois pregavam a mensagem do comunismo, a nova ordem mundial e um governo mundial.

A língua era um pouco diferente, as personalidades mudaram ao longo dos anos, mas o conteúdo e a direcção da propaganda eram os mesmos. Se ele fechasse os olhos e reflectisse sobre o jornal de 1910 nas suas mãos, veria que se assemelhava, notável e inequivocamente, às notícias de 2007. Seria obrigado a chegar à conclusão inevitável de que a intenção e propósito era estabelecer primeiro o socialismo e depois o comunismo como sistemas de uma Nova Ordem Mundial. Para que haja uma consistência tão inequívoca, deve haver um elevado grau de certeza de que certos indivíduos de alto nível e as suas entidades devem controlar os acontecimentos mundiais e os acontecimentos no seu próprio país, os Estados Unidos da América. Aprofundando-se na história colonial britânica, poderá mesmo encontrar o nome da British East India Company como um grupo de poder de elite capaz de organizar um espantoso conjunto de grandes eventos políticos.

Estabelecer o socialismo nos Estados Unidos com o objectivo de anular as constituições estaduais e federais

Um dos acontecimentos espantosos geridos pela British East India Company foi o estabelecimento do socialismo como um sistema político. Um dos produtos da East India Company foi a Fabian (Socialist) Society em Londres. Os seus líderes, Beatrice e Sydney Webb, Annie Besant, G.D.H. Cole, Ramsey McDonald, Bertrand Russell e H.G. Wells, Thomas Davidson e Henry George, cuja mãe pertencia à família Pratt do estabelecimento liberal americano em Filadélfia, deviam a sua posição à "Companhia". A família Pratt estava intimamente ligada ao "comércio" da East India Company com a Índia e tinha um interesse substancial no império Rockefeller Standard Oil.

Beatrice e Sydney Webb fundaram a London School of Economics em 1895, pela qual passaram algumas das figuras mais importantes da política, negócios e governo britânico e americano. Entre os ex-alunos proeminentes encontrava-se David Rockefeller, antigo presidente do Clube Nacional Republicano, presidente da Rockefeller Standard Oil Company e principal financiador do famoso Instituto para as Relações do Pacífico (IPR), um spin-off da British East India Company - do Comité de 300 que financiou o ataque japonês a Pearl Harbor a 7 de Dezembro de 1941. Foi também um mentor de George Herbert Walker Bush e John F. Kennedy.

Beatrice Webb, a sócia dominante da firma, é interessante. Uma das três filhas de Richard Potter, um magnata ferroviário rico profundamente envolvido no ocultismo, vivia na casa do seu pai quando conheceu Sidney Webb. A sua irmã Theresa casou com Sir Alfred Cripps do governo trabalhista de Ramsay McDonald's e a terceira irmã, Georgina, casou com Daniel Meinertzhagen, um banqueiro filiado na East India Company.

Richard Potter estava profundamente impregnado de teorias e práticas ocultas e acredita-se ser o personagem central no romance de feitiçaria infantil *Harry Potter*, que recentemente "surgiu do nada" para se tornar um sucesso fugitivo, mas que sabemos agora ser um dos contos de Richard Potter retrabalhado pelo Instituto Tavistock e depois dado a Joanne K. Rowling para "escrevê-lo".

Muitos dos seus objectivos, que enumerei pela primeira vez em 1991, foram entretanto alcançados ou estão em vias de o ser. De particular interesse no Comité dos programas do 300 é o núcleo da sua política económica, que se baseia largamente nos ensinamentos de Malthus, o filho de um clérigo inglês que foi catapultado para a proeminência pela British East India Company (BEIC), sobre a qual o Comité do 300 é modelado).

A origem da nova ordem mundial: The East India Company e a sua sucessora, a British East India Company.

A East India Company (EIC) foi fundada em 1606, durante os últimos anos da Rainha Isabel I, o último monarca Tudor. Os seus homens foram enviados para a Índia para estabelecer boas relações na prossecução do comércio com os Mongóis e príncipes, os seus comerciantes e banqueiros, seguindo as pegadas da Companhia Levantina Veneziana. Era a patriarca da elite do poder, uma espécie de "família real" constituída pela guilda dos ragpickers de Londres e a sua descendência, a London Mercers Company. Estas guildas monopolistas comerciais da "família real" estavam enraizadas em Veneza e Génova entre as antigas famílias bancárias da nobreza negra.

Em 1661, Carlos II dos Stuarts concedeu à Companhia das Índias Orientais uma carta de grande alcance que permitiu ao EIC fazer guerra, fazer tratados de paz e forjar alianças com os banqueiros principescos e elites mercantis da Índia.

Não é certo que o Império Mongol se tenha desmembrado devido às actividades da East India Company, mas os historiadores assumem que ela nada fez para impedir o fim do império em 1700. Foram necessários 130 anos para o EIC subjugar quase todo o subcontinente indiano. Durante este período, a empresa passou por dissensões e uma cisão, seguida de uma unificação como a United East India Company e depois como a British East India Company (BEIC).

Uma das lições mais importantes que as Índias Orientais aprenderam com os banqueiros foi o conceito de banco de reserva fraccionada, tal como deveria ser praticado na Europa e nos Estados Unidos. Foi introduzido na Inglaterra em 1625. Os indianos puderam aceder aos segredos da banca na Índia e enviar para Londres os mais completos detalhes de como o sistema funcionou durante séculos na Índia e como foi copiado pelos babilónios.

Paralelamente à ascensão da poderosa empresa, surgiram as famílias '300', incluindo Churchill, Russell, Montague, Bentham, Thomas Papillon e Bedford. Nos Estados Unidos, foram as famílias Delano, Mellon, Handiside Perkins, Russell e Colin Campbell que prosperaram a partir do EIC e do seu comércio de ópio da Índia.

Um dos membros mais importantes da East India Company foi Jeremy Bentham, o "criador de reis" da East India Company. Bentham foi o líder dos *radicais filosóficos* pré-fabianos e foi a primeira pessoa a manifestar-se abertamente a favor de um governo mundial. As suas ideias foram formuladas no que se chama agora a "filosofia do utilitarismo".

Bentham dirigiu a British East India Company a partir de 1782. Owen foi para os Estados Unidos para fundar o socialismo em New Harmony, no rio Wabash. A palavra "socialismo" como um credo político foi aparentemente utilizada pela primeira vez em 1830.

Robert Owen desempenhou um papel importante na evolução da política americana. Juntamente com Francis Wright, viajaram pelos Estados Unidos pregando o amor livre, o ateísmo, a abolição da escravatura (em colaboração com os "Seis Secretos") e fundaram o que é provavelmente a primeira instituição socialista, o *Partido dos Trabalhadores*, em Nova Iorque, em

1829. É importante para o leitor compreender que a missão de Owen era realizar o programa '300' para os Estados Unidos:

> Estabelecer o socialismo como um precursor do comunismo.

> Destruir a família como uma unidade, pregando "direitos iguais" para as mulheres e causando divisão entre os membros da família.

> Criar "internatos" para separar as crianças dos seus pais por longos períodos.

> Fazer do "amor livre" uma norma aceite com o aborto, "para se livrar de um inconveniente", se necessário.

> Estabelecer um movimento que impulsionasse a amálgama de raças numa única população mundial.

> Estabelecer secretamente e clandestinamente a Sociedade Luciferian. Mais tarde, o Professor Arnold Toynbee seria o chefe desta sociedade muito secreta, tanto em Inglaterra como nos Estados Unidos.

Owen não gostou das Constituições dos EUA e do Estado e trabalhou com o filho de John Quincy Adam, Charles Francis Adams, para criar o precursor da Comissão Federal de Comércio Interestadual.

Em 1808, James Mill conheceu Jeremy Bentham e os dois tornaram-se amigos íntimos. Em 1811, associou-se a Robert Owen. Em 1819, a Mills foi admitida no secretariado da East India Company.

O significado desta nomeação não deve ser negligenciado. Mesmo assim, a British East India Company controlava praticamente todo o subcontinente indiano e desempenhou um papel de liderança no altamente lucrativo comércio de ópio na China, utilizando ópio das papoilas cultivadas nos campos férteis do Vale do Ganges e Benares. Os lucros eram espantosos, mesmo pelos padrões actuais, enquanto o custo do produto era insignificante.

Mais tarde, Mills foi promovido a chefe do Secretariado e viu-se assim à frente de um vasto império, político, judicial e financeiro, com enormes quantias de dinheiro para gerir. Estava a cargo do *"Tribunal de Directores"*, os principais homens que moldaram as políticas que afectavam o mundo inteiro na altura, incluindo os EUA e a Rússia. As suas teorias económicas encontraram favor em muitos quadrantes, sobretudo com David Ricardo que formulou a *teoria das rendas* que se tornou a doutrina marxista padrão. O seu filho, John Stuart Mill, sucedeu-lhe como chefe do secretariado, uma posição de poder e influência que manteve até o governo britânico assumir o lado político da empresa, que se tornou oficialmente a British East India Company (BEIC).

Em 1859, o BEIC atingiu o auge do seu imenso poder ao seguir a política de John Stuart Mill de que, para haver estabilidade duradoura, era necessário poder absoluto nas mãos dos mais sábios. Poder e sabedoria coincidem, esta é a doutrina da Companhia das Índias Orientais - e dos radicais filosóficos também.

A partir de 1859, a Índia Oriental britânica controlou o governo britânico e exerceu grande influência nos assuntos mundiais. Os Estados Unidos eram a sua preocupação constante, pois a dimensão e diversidade do país tornava difícil o seu controlo. De facto, constatou-se que o BEIC tinha tomado o controlo de todos os aspectos da vida no país. Embora os radicais filosóficos tivessem conseguido alcançar grande parte da agenda da East India Company, os Estados Unidos apresentaram um desafio mais complexo, principalmente por causa das constituições estaduais e federais.

Como tenho dito tantas vezes, fomos levados a crer que o problema de que falo começou em Moscovo, quando na realidade começou na esquerda radical, entre os Hussitas e os Anabatistas, muitos dos quais imigraram para os Estados Unidos. Os americanos foram submetidos a uma lavagem cerebral para pensar que o comunismo é o maior perigo que enfrentamos. Este não é simplesmente o caso. O maior perigo vem da massa de traidores que existe no nosso meio. A nossa Constituição avisanos para termos cuidado com o inimigo dentro das nossas fronteiras.

Estes inimigos são os servidores do Comité de 300 que ocupam altos cargos dentro da nossa estrutura governamental. É nos Estados Unidos que temos de começar a nossa luta para inverter a maré que nos ameaça engolir, e que temos de nos encontrar e derrotar estes traidores dentro dos nossos portões nacionais. Mas é uma tarefa difícil. Os defensores de um governo mundial e de uma nova ordem mundial reduziram o povo americano a um povo condicionado pelas palavras. O povo americano tornou-se uma nação de pessoas condicionadas e doutrinadas que, ao contrário dos seus antepassados, estão prontos e dispostos a aceitar a "autoridade".

Assistimos à ascensão de elementos neo-bolsheviques incorporados no Partido Republicano, supostamente um partido conservador. Mas sob a liderança do Presidente George W. Bush, candidato ao cargo escolhido pelos "300", vimos os Estados Unidos serem transformados numa potência beligerante tentando impor a vontade dos "300" ao mundo. O Clube de Roma criou a guerra de 25 anos em El Salvador como parte do plano maior elaborado por Elliot Abrams do Departamento de Estado dos EUA.

Se ao menos nos Estados Unidos tivéssemos estadistas e não políticos a governar o país, as coisas seriam muito diferentes. Em vez disso, temos agentes Tavistock como Bernard Levin a escrever papéis de condicionamento mental Tavistock, que são vendidos como filosofia nas publicações do Clube de Roma sobre como quebrar o moral das nações e dos líderes individuais.

Aqui está um extracto de um dos artigos do Levine:

> *Uma das principais técnicas para quebrar o moral através de uma estratégia de terror é exactamente esta táctica: manter a pessoa no escuro sobre a sua posição e o que esperar.*

> *Além disso, se a frequente vacilação entre medidas disciplinares severas e promessas de bom tratamento, bem*

como a divulgação de notícias contraditórias, torna a estrutura da situação pouco clara, o indivíduo pode deixar de saber se um determinado plano o levaria a aproximar-se ou a afastar-se do objectivo. Nestas condições, mesmo as pessoas que têm objectivos claros e estão dispostas a assumir riscos ficam paralisadas pelo grave conflito interno entre elas.

Este projecto do Clube de Roma aplica-se tanto a países como a indivíduos, e especialmente aos líderes governamentais desses países. Nós nos Estados Unidos não temos de pensar: "Oh, isto é a América, e estas coisas não acontecem aqui". Deixem-me assegurar-vos que elas acontecem nos Estados Unidos - talvez mais do que em qualquer outro país.

A forma como o ex-presidente Richard Nixon foi forçado a deixar o cargo é típica da metodologia Levin. Se Nixon não tivesse sido desmoralizado e desorientado, e se se tivesse mantido firme, nunca poderia ter sido destituído. O plano do Levin e do Clube de Roma foi concebido para nos desmoralizar a todos, para que, no final, pensemos que temos de seguir o que nos é apresentado. Seguiremos as ordens do Clube de Roma, como ovelhas. Qualquer líder aparentemente forte que de repente pareça "salvar" a nação deve ser considerado com a maior suspeita.

Com os Estados Unidos falidos espiritual e moralmente, a nossa base industrial destruída, colocando 40 milhões de pessoas desempregadas, as nossas grandes cidades uma fossa horrível de todos os crimes concebíveis, com uma taxa de homicídio quase três vezes superior à de qualquer outro país, com 4 milhões de pessoas sem abrigo, a corrupção governamental a atingir proporções endémicas, quem irá disputar que os Estados Unidos estão prontos para cair de dentro para fora, nos braços do novo governo mundial da idade das trevas?

Poderia algo ser mais assustador ou perigosamente sinistro?

Os outros membros do Clube de Roma nos Estados Unidos eram Walter A. Hahn do Serviço de Pesquisa do Congresso, Ann Cheatham e Douglas Ross, ambos economistas seniores. Hahn do Serviço de Investigação do Congresso, Ann Cheatham e Douglas Ross, ambos economistas seniores. A tarefa de Ross, nas suas próprias palavras, era a de "traduzir as perspectivas do Clube de Roma em legislação para ajudar o país a verter a ilusão da abundância". Ann Cheatham foi a directora de uma organização chamada "Câmara de Compensação do Congresso para o Futuro".

De tempos a tempos, o Clube de Roma organiza reuniões e conferências que, por serem apresentadas sob títulos inócuos, parecem constituir uma pequena ameaça para o nosso país. Nestas reuniões, são formados comités de acção e é atribuída a cada um deles uma tarefa específica e uma data alvo específica até à qual a sua missão deve estar concluída. O NAFTA e o Acordo Mundial de Comércio foram dois desses projectos. Como eu disse em 1981, fomos criados, política, social e economicamente, para continuarmos presos aos planos do Clube de Roma. Tudo está viciado contra o povo americano.

Se queremos sobreviver, temos primeiro de quebrar o estrangulamento do Comité sobre o nosso governo. Em todas as eleições desde que Calvin Coolidge concorreu para a Casa Branca, o Comité conseguiu colocar os seus operacionais em posições-chave do governo, pelo que não importa quem fica com o lugar na Casa Branca.

A prova da existência do Comité dos 300 é algo que me é frequentemente pedido: Walter Rathenau, um destacado político socialista e conselheiro financeiro dos Rothschilds - e pode-se imaginar como Rathenau deve ter sido poderoso - escreveu um artigo na Wiener Press, que o publicou a 24 de Dezembro de 1921.

No artigo citado pelo *Comité dos 300,* Rathenau faz este surpreendente comentário:

> *Apenas trezentos homens, cada um dos quais conhece todos os outros, governam o destino da Europa. Eles escolhem os seus sucessores do seu próprio círculo. Estes homens têm nas suas mãos os meios para acabar com a forma de estado que consideram irrazoável.*

Exactamente seis meses depois, a 24 de Junho de 1922, Rathenau foi assassinado pela sua indiscrição. Há cem anos isto não poderia ter acontecido, mas hoje aconteceu e é pouco comentado. Sucumbimos à guerra de penetração de longo alcance travada contra esta nação pelo Tavistock. Tal como a nação alemã, derrotada pela iniciativa do bombardeamento Prudential Insurance, já sucumbimos o suficiente para fazer desta nação o tipo de regime totalitário do passado que só teria sido previsto nos seus sonhos. "Aqui", diriam eles, "é uma nação, uma das maiores do mundo, que não quer a verdade. Podemos passar sem todas as nossas agências de propaganda. Não temos de lutar para esconder a verdade desta nação; ela rejeitou-a voluntariamente por sua própria vontade. Esta nação é um repulsor".

Isto é abertamente proclamado nos conselhos e fóruns mundiais como o fim da velha era e o início de um estado de ser, que está para além da conspiração.

Este é o mundo proclamado por H.G. Wells, aquilo a que ele chamou *a Nova República*. Esta Nova República está agora para além da Conspiração e é gerida pelos controladores americanos especialmente seleccionados do Comité dos 300 sobre os quais não temos qualquer controlo.

Capítulo 16

Guerra e papel-moeda

A luta do pós-guerra para resgatar $550 milhões em Greenbacks, vendidos por $250 milhões em ouro, faz parte da história, mas está para além do âmbito desta investigação. Assim, o dinheiro de papel tornou-se o instrumento de guerra, e a tirania reconquistou uma posição no continente americano. A vitória de 1776 foi invertida.

Voltando a Patterson e ao Rei Guilherme, sendo um leitor inteligente, fará perguntas. Patterson, pode dizer-se, forneceu os meios para circular papel-moeda parcialmente garantido, mas quem forneceu os bens reais necessários para combater a guerra? Essa é uma boa pergunta. A resposta é a seguinte: as mesmas pessoas que se recusaram a pagar pela guerra, aumentando os impostos directos, forneceram agora o crédito e as armas, através do estratagema do papel-moeda, permitindo ao Rei Guilherme confiscar os seus bens por um subterfúgio, o que ao mesmo tempo depreciou o valor do seu dinheiro. Os seus súbditos não receberam uma factura real pelo custo da guerra, que lhes foi escondida, mas pagaram o custo da guerra de qualquer forma.

Isto é exactamente o que acontece sempre que os EUA vão para a guerra. Nunca nos dizem quanto custa a guerra, e como o governo não ousa arriscar uma revolta, a guerra é financiada por impostos indirectos, ou seja, por papel-moeda, papel-moeda sem garantia, impresso em quantidades cada vez maiores sem qualquer segurança. O povo inglês está também privado do seu direito de debater estas questões. Isto ainda hoje acontece, especialmente quando a propaganda é introduzida. Em tais momentos, quando a propaganda assume o controlo, o debate fundamentado é posto de lado e as emoções correm alto. Quase todas as escolas e universidades americanas ensinam que a América foi duas vezes à guerra nos últimos anos para preservar a democracia, e porque a liberdade da América foi ameaçada pela Alemanha.

Nunca foi explicado como uma nação de apenas 95 milhões de pessoas, demograficamente limitada e com poucos recursos naturais, poderia esperar alcançar os seus chamados objectivos.

Aparentemente, não havia pessoas suficientes dispostas a fazer a pergunta. A América tornou-se vítima de propaganda inteligente dos think tanks do Royal Institute for International Affairs e do Tavistock Institute.

A Alemanha não foi o agressor nem na Primeira nem na Segunda Guerra Mundial. Protesto, foram criados tratados como o celebrado entre a Grã-Bretanha e a Checoslováquia para assegurar que a guerra teria lugar.

No caso da América, a guerra foi assegurada pelo incidente da Lusitânia, pelo qual a Alemanha foi acusada. E no caso da Segunda Guerra Mundial, foi Pearl Harbor. É surpreendente que os conspiradores pudessem escapar com propaganda tão gritante, mas vimos pior no Vietname. Assim, talvez não seja muito difícil compreender como os EUA sucumbiram à propaganda maciça, que arrastou o país para duas guerras mundiais.

Temos visto o mesmo acontecer na Coreia e no Vietname; e está a acontecer agora, perante os nossos próprios olhos, na América Central, nos Balcãs, em África e no Médio Oriente, incluindo o Iraque. Desde a Guerra Civil, os agentes Rothschild, que também eram agentes da nobreza negra, trabalharam arduamente na tentativa de estabelecer um banco central nos Estados Unidos. Não tinham qualquer intenção de deixar que um patriota como Andrew Jackson se atravessasse no seu caminho. Para o público pouco antes de 1905, esta era uma questão obscura porque não era compreendida, e as pessoas não entendiam que afectaria profundamente cada alma viva na América se os agentes Rothschild conseguissem o seu caminho.

Em 1905, J.P. Morgan planeou uma pequena depressão na

economia americana, para que o povo exigisse protecção contra qualquer depressão futura através da criação de um Banco Central, que Morgan alegou ser necessário para proteger as "pessoas humildes" das depressões. J. P. Morgan, o agente fiscal de vários países europeus, um facto revelado pelo grande Louis T. McFadden, desencadeou então a depressão que tinha planeado em 1907, e levou o povo a exigir em pânico um Banco Central para os proteger. As depressões são causadas com o único objectivo de transferir a riqueza não conquistada das pessoas que a criaram, para a aristocracia parasitária bancária que não a ganhou.

A lei Aldrich foi inicialmente rejeitada, uma vez que o público considerava Aldrich demasiado no bolso do Belmont. Mas os patrocinadores do projecto de lei perseveraram até serem bem sucedidos. Com a perda de liberdade provocada pelo novo Banco da Reserva Federal, o cenário foi preparado para uma explosão no fornecimento de papel-moeda, não através de reservas fracionárias ou empréstimos comerciais normais; isso foi demasiado lento, mas através dos meios de permitir à América entrar na guerra, que tinha começado em 1914. Embora o público nunca se tenha apercebido do que os banqueiros estavam a fazer, vários membros do Congresso fizeram-no, e atacaram Morgan e Warburg. Homens como os congressistas LaFollette e Lundeen incluíram Rockefeller nas suas críticas.

Isto está no *Registo do Congresso*, Volume 55, páginas 365-372, 5 de Abril de 1917:

> *Em 1917, Morgan tinha lançado enormes empréstimos, que ele pensava que seriam garantidos pela entrada da América na guerra dentro de dois anos. (Ele estava correcto nos seus cálculos). Morgan estava rodeado por admiradores dos aristocratas e famílias feudais da Europa e da América. Um desses homens era Herbert Crowley, um verdadeiro amante da aristocracia medieval. Morgan conhecia o poder da imprensa e usou-o como sua máquina de propaganda pessoal para criar uma atmosfera histérica anti-alemã. Segundo o deputado Calloway, Morgan assumiu o controlo dos jornais mais influentes, comprando-os com papel de garantia sem*

garantia. Ele empregava-os com 12 dos seus empregados que estavam mais interessados em prejudicar a América do que em servi-la. Estes jornais influentes tornaram-se então nada mais do que moinhos de propaganda. O debate fundamentado fugiu. A histeria substituiu-a; o pequeno movimento pela paz foi esmagado.

A Revolução Americana mudou tudo isso. Direccionou a hostilidade do povo para o alvo certo, os aristocratas, e quebrou o seu domínio sobre este país. Infelizmente, os mesmos colonos, ou devo dizer os seus descendentes, não viram tão claramente a escravatura por detrás da Reserva Federal; para eles era uma questão obscura, e por isso o que foi ganho em 1776 foi perdido por defeito em 1913. A aristocracia secreta, advertida por Jefferson, impôs o seu jugo de servidão ao povo americano com a aprovação da Lei da Reserva Federal de 1913. A data não foi um acidente; estava apenas no limite do seu horário de guerra, que foi declarado em 1914. Sem o dinheiro em papel "criado" pelo banco central, não teria havido guerra mundial.

A aristocracia oculta vive da exploração dos produtores da verdadeira riqueza, do povo, e da transferência da riqueza produzida pelos trabalhadores para si própria através de vários truques, vivendo assim, de facto, como parasitas sobre o povo. De facto, este é quase o mesmo sistema que foi utilizado pela aristocracia aberta da Idade das Trevas, quando os senhores feudais ligaram os camponeses à terra, para que pudessem roubar os frutos do seu trabalho, e também levar as suas mulheres à força, uma vez que viam a vida dos camponeses como barata e explorável, sem mais posses. Os aristocratas da América também vêem a vida das pessoas como barata. Não terão milhões dos nossos homens dado as suas vidas a lutar em duas guerras mundiais? A única diferença é que os nossos senhores feudais, os Marshalls, Harrimans, Mellons, Fields, Pratts, Stillmans, Aldrichs, Rockefellers, Cabot Lodges, Guggenheimers, Kuhn Loebs, Morgans, Warburgs, etc., são aristocratas escondidos, enquanto os seus homólogos europeus são aristocratas abertos. Isto não se aplicava à União Soviética, onde os aristocratas que governavam o país eram de facto aristocratas escondidos, mesmo que se chamassem a si próprios Politburo, os comunistas, etc.

A aristocracia aberta é um estado declarado publicamente, enquanto que a aristocracia secreta opera no subsolo, que é como a maior parte do mundo é governada hoje em 2007.

A verdadeira democracia não existe, uma vez que a maioria das pessoas no mundo, incluindo a América, não está autorizada a conservar os frutos do seu trabalho. É-lhes negado por uma variedade de métodos não democráticos, e depois transferido para a clandestinidade ou para a aristocracia aberta.

Para ser um aristocrata, é necessária uma grande riqueza, que deve ser conquistada, pois um parasita nunca funciona. E o papel-moeda provou ser uma bênção para esta classe, uma vez que permite a transferência constante da riqueza ganha pelo povo. Quando a situação se deteriora, são criadas guerras para acelerar o processo de transferência. Assim, sem olhar ao sofrimento que causaram, os nobres senhores da América enviaram milhões de americanos para a morte nas duas guerras mundiais, não só para se enriquecerem e consolidarem o seu poder, mas também para se livrarem do que viam como um excesso de população.

Se o governo do dia tivesse sido obrigado a recorrer a um aumento drástico dos impostos directos para pagar a guerra, o zelo pela guerra teria sido imediatamente refreado. Mas com o mecanismo fornecido pela Reserva Federal, não havia necessidade de dizer às pessoas que estavam a ser levadas a uma catástrofe. O entusiasmo pela guerra foi alimentado por peritos bem treinados do Royal Institute for International Affairs e Tavistock enviados para fazer o trabalho. Contra tais organizações, a população não tinha qualquer defesa. Qualquer líder nacional, como Charles Lindbergh, que viu através de todo o negócio sujo, foi imediatamente neutralizado; a sua audácia custou-lhe o rapto e a morte do seu filho mais novo.

Quando a histeria da guerra irrompe, os homens perdem toda a razão. A capacidade de debater questões perde-se numa inundação de patriotismo induzido, as questões são decididas com base na emoção, e os princípios de liberdade e justiça são

abandonados para o suposto bem da nação.
Canções patrióticas, agitação de bandeiras e música marcial tomam o lugar de um julgamento cuidadoso. Se fosse possível chamar a atenção da população numa altura de histeria colectiva induzida pela guerra, então poderíamos teoricamente bater o grande tambor do custo oculto da guerra e remover a cortina de fumo do papel-moeda, e apontar que o poder de desvalorizar a nossa moeda em benefício dos poucos pertence às próprias pessoas que agitam pela guerra. Poderíamos explicar que o objectivo da guerra é enriquecer os aristocratas entrincheirados na sua posição de poder absoluto. Poderíamos até mostrar que a guerra não é para o bem da nação, e que os banqueiros não têm o monopólio do patriotismo.

Poderíamos até ser capazes de explicar a ligação entre o dinheiro em papel e as guerras das quais os banqueiros obtêm lucros enormes. Poderíamos ser capazes de provar que, agregando riqueza nas suas mãos, os aristocratas são de facto os inimigos da liberdade, não os seus defensores, e que são tão maus, se não piores, do que os comunistas, porque a riqueza que agregaram para si próprios nunca é capitalizada para produzir mais riqueza para o bem da nação. Poderíamos certamente provar deste ponto de vista que se está a pedir ao povo que vá para a guerra em defesa de um princípio anticristão, o do falso capitalismo. O princípio correcto para o nosso republicanismo é o capitalismo cristão, que não tem nada em comum com o socialismo.

A minha mensagem é bastante diferente da hedionda cacofonia de assobios, cacarejamentos e gritos que passam por "notícias" nos ecrãs de televisão todas as noites. Nós, o povo, já não somos soberanos porque permitimos que os nossos representantes no Congresso cedessem a nossa soberania em 1913 a um grupo de homens sem rosto que estão em desacordo com a nossa República; homens que nos vêem como camponeses dispensáveis. Não admira que Oséias tenha dito que estávamos a perecer por falta de conhecimento. O nosso povo não sabia o que era o Sistema da Reserva Federal em 1913, e a maioria de nós ainda não sabe hoje.

É evidente que a vitória dos colonos em 1776 foi negada pela proliferação de grandes quantidades de papel-moeda parcial ou totalmente inseguro, dos quais existem três tipos:

> ➢ O banqueiro tem o direito de emitir mais papel do que tem ouro ou outra riqueza real para o apoiar.

> ➢ Onde os bancos centrais emprestam ouro a pequenos bancos em tempos de crise.

> ➢ Curso legal, que remove a escala de medida de ouro (as escalas mantêm as pessoas e as nações honestas) e a substitui por papel de curso legal, que é apoiado por nada, nem mesmo uma promessa de pagamento em dinheiro real. Não é dinheiro, mas o governo diz que temos de o aceitar como dinheiro, e assim o fazemos! Se deixássemos de aceitar papel-moeda, seria impossível iniciar guerras sem novos e pesados impostos.

> ➢ A proliferação do papel-moeda ocorre porque não se baseia numa base fixa, como o ouro, mas sim numa base de papel-moeda em constante expansão, um verdadeiro balão de papel. Em geral, todos estes métodos têm sido utilizados para financiar guerras no passado e quanto mais o balão proliferava, mais tempo duravam as guerras. Inversamente, assim que um país voltou a ter uma moeda de ouro ou metálica, as guerras terminaram rapidamente. O dinheiro é uma grande cura para a guerra! Sem dinheiro real não há guerra sem um enorme imposto directo cobrado sob o risco de rebelião.

A América foi verdadeiramente livre durante algum tempo, graças ao génio de Thomas Jefferson, que viu o mundo entrar num período de escravidão sob o pretexto da aristocracia. Compreendeu o papel do papel-moeda e compreendeu o papel pretendido dos bancos centrais. Ele sabia que o papel-moeda é uma licença para roubar, e que um banco central é apenas o mecanismo pelo qual esta licença é emitida e grosseiramente prolongada. Ele também sabia que o dinheiro de papel sem garantia é sinónimo de escravatura.

Quando se rouba um homem, e ele é impotente para fazer qualquer coisa, isso é escravidão! Jefferson viu que as propostas dos aristocratas para um banco central eram uma reformulação do controlo dos nobres dos camponeses na Idade das Trevas.

O Presidente Andrew Jackson continuou a amarga luta para abolir o banco central, o que ele conseguiu fazer apesar de todos os obstáculos. A América entrou num período de rápida expansão económica, provando o direito de Jefferson e Jackson. A nação americana tinha sido libertada do jugo do parasita; era livre de produzir tanta riqueza real quanto os seus talentos permitissem, mas mais importante ainda, era-lhe permitido conservar os frutos do seu trabalho. Tudo isso mudou com a promulgação da Lei do Sistema da Reserva Federal. E quero que se lembrem que o Sistema da Reserva Federal começou do zero em 1914 sem um único cêntimo, e no entanto, em 1939, por exemplo, o sistema tinha obtido um lucro de $23.141.456.197. Nem um único cêntimo foi para o governo do povo, que não possui uma única participação no Banco! (Os números são do *Registo do Congresso,* 19 de Maio de 1939, página 8896).

O caminho estava aberto para os aristocratas roubarem os frutos do nosso trabalho, tal como roubaram os frutos do trabalho dos camponeses da Europa na Idade Média. Na Primeira e Segunda Guerra Mundial, soldados americanos foram enviados para a Europa e o Pacífico para combater guerras sangrentas para preservar os empréstimos dos banqueiros e perpetuar o sistema de escravatura imposto pela Lei da Reserva Federal de 1913.

Jefferson explicou que como nação enfrentamos dois inimigos: um inimigo sem e um inimigo dentro. Tanto Jefferson como Lincoln afirmaram que o inimigo interior representa o maior perigo para a nossa República e para a nossa liberdade. À medida que a atenção da América é dirigida para o mais visível dos dois, que hoje é o chamado "terror global", os aristocratas tornam-se mais fortes e ainda mais poderosos, até que em 2007 é a aristocracia secreta que representa um perigo terrível para a nossa existência como nação baseada nos ideais republicanos de liberdade. E a forma de o fazer é sempre através do papel-moeda.

Lembra-se de que Morgan e a sua mini depressão de 1907 foi seguida por um slogan teaser, que as pessoas pequenas nunca mais enfrentariam falhas bancárias se apenas o governo concordasse em criar um Banco Central? Bem, vejamos o que tem acontecido desde então.

As estatísticas mostram que, desde a criação de um banco central neste país em 1913, falharam mais bancos do que em qualquer outro momento da nossa história! Pior ainda, desde então, tornámo-nos obrigados, pois cada um de nós deve juros, e quando devemos juros somos obrigados, e o que é uma pessoa obrigada senão um escravo, claro!

O que torna a servidão possível? É, claro, papel-moeda!

A resposta da aristocracia é criar maiores défices orçamentais, que irão proliferar e assim aumentar a oferta de papel-moeda sem garantia, para que alguns possam enriquecer à custa do povo. Quando os enormes custos do projecto de mísseis Minuteman foram expostos, a Lockheed recebeu uma grande subvenção governamental, que chegou mesmo a tempo de pagar a pesada factura legal que teve de pagar na sequência da divulgação do Fitzgerald.

Este é um exemplo do inimigo interior. Não precisamos de temer tanto o inimigo distante como o inimigo interno. Se necessário, a nação pode reunir os seus enormes recursos num curto espaço de tempo e derrotar qualquer inimigo externo. Demonstrámos a nossa capacidade de o fazer na Segunda Guerra Mundial; só a história mostrará que combatemos o inimigo errado! Qual é então o verdadeiro objectivo das guerras em que os Estados Unidos se envolveram?

Foi para defender contra um povo primitivo semi-salvado e a sua fraca cultura, pessoas como os vietnamitas, por exemplo? Não, foi para desviar a nossa atenção do verdadeiro inimigo, os parasitas que infestam o nosso corpo nacional, tal como os senhores feudais desviaram e rejeitaram a hostilidade para o exterior, e para longe de si próprios, em direcção a um perigo imaginário. O Império Romano sempre suscitou guerras estrangeiras com o mesmo objectivo.

Geograficamente, a América está relativamente a salvo da invasão, e temos a tecnologia para nos defendermos contra o que quer que o inimigo possa ter. Mas o que aconteceu? Os aristocratas agindo através dos seus mercenários como Robert McNamara forçaram-nos a desistir da nossa melhor defesa contra os ICBMs. Sim, desistimos do nosso escudo.

Depois de hesitar durante anos e de se opor à ideia, McNamara, o mercenário dos aristocratas, recusou-se a gastar o dinheiro apropriado pelo Congresso nas nossas melhores armas de feixe de partículas que poderiam ser colocadas no espaço, a partir das quais teriam sido capazes de fazer explodir todos os mísseis inimigos apontados aos Estados Unidos antes de atingirem o seu alvo!

Poder-se-ia pensar que haveria um clamor para instalar uma tal defesa. Em vez disso, as mesmas pessoas lideradas pelo mesmo McNamara percorreram o país pregando um coro de ódio contra as armas de raios! E os meios de comunicação declararam que estas armas eram o que eles chamam "futuristas", como se fosse um crime! A *Newsweek*, o porta-voz do inimigo no interior, chama às armas de raios "guerra das estrelas"! Tomemos outro dos mercenários da aristocracia. Henry Kissinger.

Kissinger deixou o cargo há anos, mas continua a dirigir secretamente a política externa do país. A revista *Time* relata que é um visitante influente da Casa Branca. Kissinger diz que é um grande admirador do Príncipe Metternich. Uma vez que a história austríaca não é um tema popular nas nossas escolas, poucos americanos sabem o que ele representava. Metternich foi o Primeiro Ministro da Áustria no século 19, um devoto seguidor do feudalismo. Foi contra este tirano autoritário que o Presidente Monroe dirigiu a sua famosa Doutrina Monroe.

Robert McKenzie, no seu livro *The 19th Century; A History*, diz isto sobre Metternich

As suas teorias de governo (do Imperador Francisco da Áustria) não só estavam livres da interferência popular, mas também da crítica popular. Não permitiu liberdade de pensamento ou de expressão; manteve o seu povo em submissão abjecta, acreditando que era para o seu próprio bem.

Impôs uma censura rigorosa à imprensa e o escrutínio de todo o material impresso do estrangeiro, para que os agitadores estrangeiros não perturbassem a feliz tranquilidade que a ausência de pensamento supostamente deveria produzir. Ele manteve um sistema cuidadosamente ramificado de polícia secreta, pelo qual seria avisado a tempo se, por infelicidade, o contágio do liberalismo chegasse ao seu povo.

Em todas as medidas que tomou para suprimir a inteligência do seu povo, e para preservar sem mácula essa lealdade ignorante sem a qual acreditava ser impossível um governo, foi habilmente apoiado pelo seu astuto e sem escrúpulos ministro, o Príncipe Metternich; um despotismo mais absoluto nunca existiu entre os homens do que aquele que foi mantido até ao fim da vida do Imperador.

Agora já sabe o que Kissinger faria connosco, se alguma vez conseguisse o poder absoluto sobre este país. Foi Kissinger que cuspiu na Doutrina Monroe e pisou a campa de Monroe com cascos de tecido. Refiro-me à vergonhosa mancha nas páginas da nossa história americana, a Guerra das Malvinas, quando tomámos o partido da Rainha de Inglaterra na sua guerra contra a Argentina.

Traímos Jefferson, Jackson e Monroe. Manchámos a nossa própria história e tradição política ao quebrar o Tratado do Rio, que assinámos e que nos obrigou a repelir todos os atacantes que se aventuraram a entrar neste hemisfério. Mostrámos ao mundo que somos um aliado pouco fiável, que não se pode confiar em nós para cumprir as nossas obrigações escritas - e fizemo-lo novamente com a Guerra do Golfo e a destruição da Sérvia! De onde veio o dinheiro para pagar estas aventuras vergonhosas? Veio da imprensa para imprimir dinheiro a partir do nada!

A oposição à guerra é um negócio difícil, solitário e muitas vezes perigoso. Quando se gera histeria de guerra, os banqueiros começam a gritar sobre o seu patriotismo. Quem não aderir ao clamor pela guerra é rotulado de "antipatriótico". Não estou a falar do pequeno elemento que se opõe à guerra pelas razões erradas, as pessoas que seguem Jane Fonda, que usaram a Guerra do Vietname para promover o socialismo; elas podem ser demitidas com o desprezo que merecem. Estou a falar de homens e mulheres verdadeiramente patrióticos que examinarão o verdadeiro motivo da guerra e descobrirão que não é mais do que um meio de garantir empréstimos aos banqueiros e enriquecer a aristocracia.

É claro que houve algumas vezes em que a guerra foi travada em prol da verdadeira liberdade, como no caso da Guerra da Independência Americana e da Guerra da Boer na África do Sul, mas estas são raridades. A melhor maneira de derrotar os planos que agora estão a ser feitos para a próxima guerra é eliminar gradualmente e dispensar o papel-moeda sem garantia, e regressar a uma moeda denominada em ouro, baseada em ouro a $700 a onça. Então precisamos realmente de equilibrar o orçamento. Apesar dos fortes gritos dos congressistas de ambas as partes, os banqueiros não têm qualquer interesse em fazer com que isto aconteça. Usam os seus mercenários para fazer barulho sobre um orçamento equilibrado, mas tudo isto é um bluff e uma farsa.

Se eliminássemos o défice através do equilíbrio do orçamento, isto levaria a um aumento acentuado das taxas de juro. Os criadores da verdadeira riqueza, nós o povo, já não poderíamos ser explorados tão facilmente, porque o governo não seria capaz de recorrer à tipografia tantas vezes para obter o dinheiro de que necessita. Em vez disso, o governo teria de ir ao mesmo mercado que as empresas para pedir dinheiro emprestado, o que por algum tempo faria desaparecer as taxas de juro. Wall Street não recuperaria rapidamente de uma tal trovoada.

A retórica vazia utilizada pelos políticos para angariar votos para permanecer no poder seria substituída por uma acção imediata.

Seria exercida uma forte pressão sobre o governo para se apressar e equilibrar o orçamento de modo a que os empréstimos deixassem de ser necessários. A ineficiência militar desperdiçada seria detida. Em vez de serem vilipendiados, aqueles que se lhe opõem seriam aclamados como heróis! Temos de respeitar a Constituição para acabar com as guerras não declaradas, que não são do nosso interesse. Acabaram-se as guerras não declaradas como a Coreia, Vietname, Jugoslávia e as Guerras do Golfo. Se alguma vez tivermos de lutar para preservar a nossa liberdade, o governo deve colocar a questão ao povo sem propaganda.

Temos de debater todas as questões e decidir que rumo tomar, e se é guerra, que se chame guerra, não a resolução do Golfo de Tonkin. Agora que somos um Império, chamemos ao nosso exército pelo seu nome próprio, o Departamento de Guerra, não o Departamento de Defesa! Também, nesta altura, o governo deve dizer ao povo como é que o custo da guerra será suportado. Acabaram-se as guerras por meio de papel-moeda. Isto tem de acabar! Chega de subterfúgios para nos envolver em guerras para colher lucros para os banqueiros! Acabaram-se as guerras do Golfo. Vamos para além da conspiração.

Por exemplo, quando as tropas americanas entraram no Vietname pela primeira vez sem serem convidadas, foi com o pretexto de que iriam ajudar no alívio das cheias. Ficaram, e a guerra seguiu-se. A guerra deve ser reconhecida pela definição de Clausewitz: "A guerra é a continuação da política por outros meios".

O Vietname escondeu-se e enganou em grande escala, sem uma declaração oficial de guerra. Kissinger prolongou-o quando se pensou que poderia acabar demasiado cedo. Kissinger arrastou as negociações de "paz" de Paris, enquanto culpava os vietnamitas pelo atraso.

Isto permitiu que os banqueiros fizessem valer a pena em termos de lucros. Este atraso matou mais dos nossos homens no moedor de carne; não parecia importar.

As guerras trazem enormes lucros aos banqueiros. Rothschild ganhou 4 mil milhões de dólares com a Guerra Civil. Ninguém sabe o quanto foi feito das duas guerras mundiais, Coreia e Vietname. O que é certo é que a próxima guerra está a ser planeada neste preciso momento (o governo está a fazê-lo, caso contrário, porquê falar de serviço militar?) Os banqueiros de ambos os lados não têm a intenção de destruir os bens um do outro. Em ambas as guerras mundiais houve um acordo não escrito para não bombardear fábricas de munições pela mesma razão.

A próxima guerra será outra guerra "metade e metade". Se tiver alguma dúvida sobre isto, veja o que já está a acontecer no Médio Oriente. Se os Estados Unidos se vão envolver no Médio Oriente, então o Presidente deve mostrar ao povo deste país exactamente que fundamentos legais temos para ir para a guerra. Deve também dizer-nos quanto vai custar, e como vamos pagar por isso. Então o Congresso deve declarar guerra e enviar as nossas forças com o objectivo de ganhar a guerra o mais depressa possível.

Existe uma ligação comprovada entre o papel-moeda e cada guerra desde 1694. Tomemos o período de 1915 a 1917, quando assistimos a um enorme aumento no fornecimento de papel-moeda, associado a uma queda dramática no seu poder de compra. A guerra não é organizada para o bem comum, com a notável excepção da Guerra de 1776, mas em benefício daqueles que escrevem a legislação e colhem os lucros, e se as grandes vantagens de que gozam os aristocratas através das guerras do papel-moeda fossem eliminadas, de repente haveria poucos motivos para travar a guerra, de facto ela tornar-se-ia impopular.

Andrew Jackson confrontou a nobreza negra, os banqueiros da Europa e da América, e derrotou-os. Agarrou-se à Constituição e derrubou as mesas dos cambistas de dinheiro, como Cristo fez antes dele. Ele não tinha medo do Supremo Tribunal.

Quando o Juiz Marshall emitiu uma decisão inconstitucional, Jackson disse: *"Marshall tomou a sua decisão, agora deixe-o aplicá-la"*. Jackson reconheceu que o Supremo Tribunal não está acima da Constituição, e que nós, o povo, somos os únicos que podemos fazer cumprir a Constituição. Mais tarde, Marshall, vendo o erro dos seus caminhos, chegou à mesma conclusão. Sem papel-moeda, a América não teria entrado em nenhuma das duas guerras mundiais. Não tínhamos motivos para nos envolvermos.

O Senado disse-o. Após uma investigação exaustiva das causas da Primeira Guerra Mundial, publicou o Documento 346, do qual passo a citar:

> *A sua responsabilidade recai unicamente sobre os ombros dos banqueiros internacionais. É nas suas cabeças que jaz o sangue de milhões de pessoas moribundas.*

Cerca de 12 milhões de pessoas morreram nessa guerra. O Comité Nye e o Comité Sisson não encontraram uma boa razão para termos enviado o nosso exército para a Europa em 1917. Os ingleses nunca foram conhecidos como uma nação agressiva ou beligerante até o Banco de Inglaterra ter estabelecido a utilização de papel-moeda sem garantia. Depois a Inglaterra travou uma guerra atrás da outra e tornou-se a "gamecock" da Europa, como mostra a lista seguinte:

➢ 1689-1697 Guerra do Rei Guilherme

➢ 1702-1713 Guerra da Rainha Ana

➢ 1739-1742 Guerra das Orelhas de Jenkins

➢ 1744-1748 Guerra do Rei Jorge

➢ 1754-1763 Guerra Francesa e Indiana

➢ 1775-1783 Revolução Americana

➢ 1793-1801 Guerra contra a França revolucionária

➢ 1803-1815 Guerras Napoleónicas

A única guerra que a Inglaterra não ganhou foi a Revolução Americana, e isto pode ajudar a explicar porque é que os aristocratas ficaram tão chocados por perder para os colonos americanos depois de um tão longo período de sucesso.

A Inglaterra esteve em guerra durante 126 anos, de 1689 a 1815, e embora seja verdade que ela não esteve no campo de batalha durante todo esse tempo, podemos considerá-la em guerra, uma vez que nos anos intercalares, quando o exército não estava no campo de batalha, ela estava a preparar-se para ir para a guerra.

Do mesmo modo, a América não era uma nação agressiva até à introdução do papel-moeda, depois fomos à guerra duas vezes, e lutámos em duas guerras em que não tínhamos razões para nos envolvermos. Atacamos a Alemanha duas vezes sem provocação.

O Relatório Nye do Senado, publicado em 1934, declarou que a América não tinha absolutamente nenhuma razão para entrar na guerra em 1917. Desde então, David Rockefeller garantiu que nenhum relatório desse tipo foi publicado sobre a Segunda Guerra Mundial e o envolvimento dos EUA na mesma. Num documento do CFR, que Rockefeller encomendou imediatamente após o fim das hostilidades em 1945, afirma-se que o CFR não queria ver qualquer discussão sobre as razões para ir para a guerra pela segunda vez na Europa, como tinha sido o caso após a Primeira Guerra Mundial. Encomendou uma história de 3 volumes da Segunda Guerra Mundial para silenciar os historiadores que pudessem tentar expor o que realmente aconteceu. Há apenas um método pelo qual os aristocratas podem fazer com que as nações voltem a entrar em guerra por eles, e que é através do uso de moeda fiat não segura, tal como temos nas notas da Reserva Federal que passam por "dólares" e que me esforcei por mostrar que é um instrumento de tirania. Temos de redobrar os nossos esforços para recuperar a liberdade trazida a este continente pelos americanos em 1776.

Hoje, em 2007, não gozamos de liberdade. Como guardiães da tradição, devemos fazer o que pudermos para esclarecer os nossos compatriotas de modo a que o nosso estatuto de escravos seja compreendido pelo maior número possível deles. Se necessário, não devemos hesitar em despertar o espírito de 1776. É nosso direito constitucional forçar mudanças no governo quando nós, o povo, não estamos satisfeitos. A América é o último bastião da liberdade, mas a nossa liberdade está a ser rapidamente devorada pelos inimigos domésticos, e se nós, o povo, acreditarmos que vale a pena salvar a América, então temos tanto o direito como o dever de tomar as medidas necessárias para corrigir o que não nos agrada. Não envie os seus filhos e filhas para outra guerra tornada possível pelo papel-moeda! Decidamo-nos a ultrapassar esta grande conspiração, expondo-a à fraude gigantesca que ela realmente é.

Já publicado

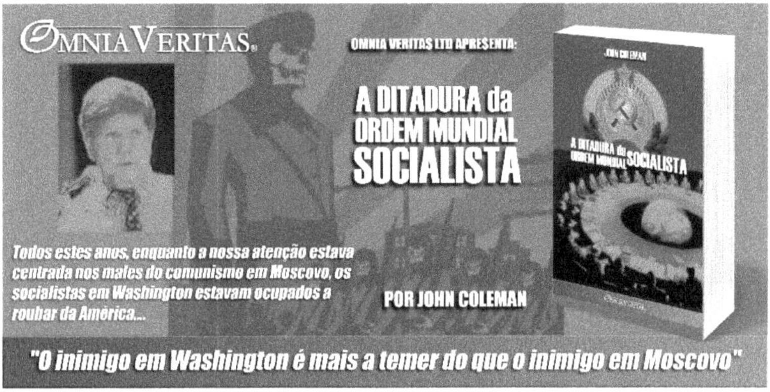

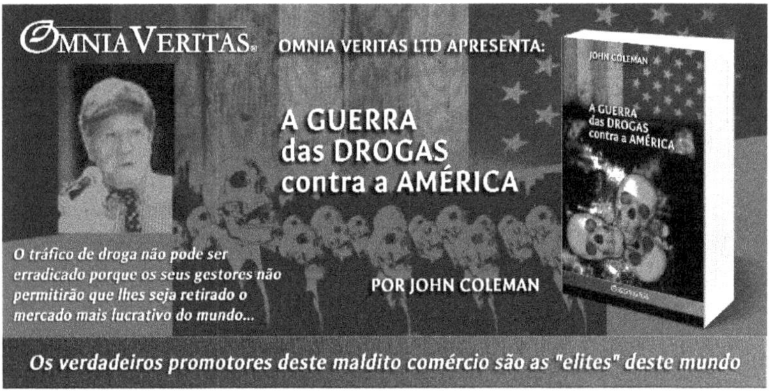

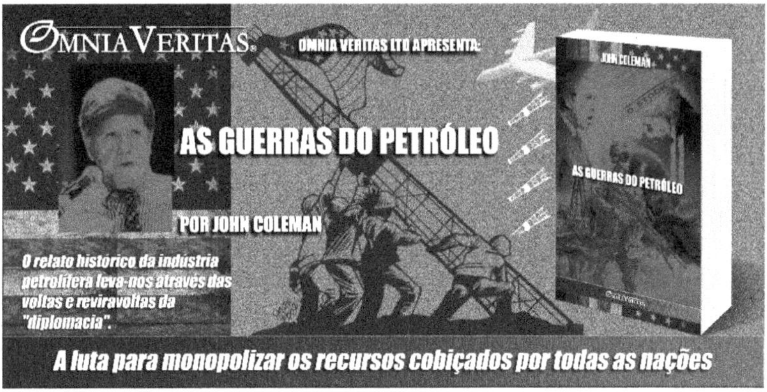

OMNIA VERITAS
OMNIA VERITAS LTD APRESENTA:
MAÇONARIA
de A a Z
por John Coleman
No século XXI, a Maçonaria tornou-se menos uma sociedade secreta do que uma "sociedade de segredos"
JOHN COLEMAN
MAÇONARIA DE A A Z
Este livro explica o que é a Maçonaria

OMNIA VERITAS
OMNIA VERITAS LTD APRESENTA:
O CLUBE DE ROMA
O GRUPO DE REFLEXÃO DA NOVA ORDEM MUNDIAL
POR JOHN COLEMAN
Os muitos acontecimentos trágicos e explosivos do século XX não aconteceram por si só, mas foram planeados de acordo com um padrão bem estabelecido...
Quem foram os planificadores e criadores destes grandes eventos?

OMNIA VERITAS
OMNIA VERITAS LTD APRESENTA:
A DINASTIA ROTHSCHILD
JOHN COLEMAN
A DINASTIA ROTHSCHILD
por John Coleman
Os acontecimentos históricos são frequentemente causados por uma "mão escondida"

www.ingramcontent.com/pod-product-compliance
Lightning Source LLC
Chambersburg PA
CBHW071119280326
41935CB00010B/1055